ケアする人だって不死身ではない

ケアギヴァーの負担を軽くするためのセルフケア

L.M.ブラマー
M.L.ビンゲイ 著

森田 明子 編訳

訳／池田寿美子・石丸朋美・上原喜美子・大石直子・岡畑修司・北浦広美・木村知洋・
坂本澄男・瀬賀久子・橋本富美恵・平林恵里子・古澤和美・水上和政

北大路書房

CARING FOR YOURSELF WHILE CARING FOR OTHERS

by

Lawrence M. Brammer and Marian L. Bingea

Copyright © 1999 by Lawrence M. Brammer, Ph.D., and Marian L. Bingea, M.A.
Japanese translation published by arrangement with
Lawrence M. Brammer through The English Agency (Japan) Ltd.

畏敬する我が師　Dr.リチャード　J.ビンゲイ（1920-96）に捧げる

　先生はキリスト教全体の指導者として，幅広い年齢層の人々に長年にわたって尽力されました。熟達したケアギヴァーとして，頼ってくるすべての人々──特に家族，友人，教区の人々，心・精神を痛めている人々──に鋭敏に感応し，愛し，ケアして，同情を寄せておられました。そうした先生の生涯を通してのご指導に畏敬の念を表わすとともに，この本を御前に捧げます。

日本語版出版にあたって

　私はこの本『Caring for Yourself While Caring for Others』を，静かに自らの意志で，情熱を込めて，来る日も来る日も友人や愛する人たちに心からのケアを続けている多くの日本のケアギヴァーに捧げます。ケアギヴァーたちはケアというどうしても必要な仕事のために，自分の貴重な時間ばかりか，しばしば健康さえも犠牲にするのです。ケアの仕事は通常あまり感謝されることはありません。ですからケアギヴァーは，たとえば年老いた親戚の老人をケアすることが，自分たちの人生により多くの意義と満足を与えてくれるものなのだという認識に立たなければならないのです。

　ケアする人たちのニーズに対し，責任をもって身体的にも感情的にも精神的にも耐えて応えていくためには，ケアギヴァーは自分へのケアにも気を配らなければなりません。そこでこの本には，ただ何とかケアを続けるのではなく，ケアをすることからより多くの充足感や悦びを得るためには，どのように自己をケアすればよいのかといったスキルや態度について書いています。この本の目標は，ケアギヴァーたちがやる気や希望を失い，絶望してしまわないように，リフレッシュし成長していけるようなきっかけを提供することなのです。

　このようなかたちで，アメリカで出版された本を日本の読者に有用なアイデアとして翻訳し提供するには，日米両国語に精通することはもとより，双方の文化を深く理解していなければなりません。その意味で森田明子・純穂夫妻が翻訳者の中心となったことは幸運なことでした。さらに明子夫人の有能な学生たち（池田寿美子，石丸朋美，上原喜美子，大石直子，岡畑修司，北浦広美，木村知洋，坂本澄男，瀬賀久子，橋本富美恵，平林恵里子，古澤和美，水上和政）が分担して翻訳にあたりました。これらの皆さんがこの仕事のために力を尽くしてくださったことに深く感謝し，日本の読者の方々もまた同様であらんことを心から願います。

　また，この日本語版を共著者であるMrs.マリアン・ビンゲイの霊前に捧げます。

2005年3月5日　　　　　　　　　　　　　　　　　　　　　ローレンス M.ブラマー

序　言

　この本『ケアする人だって不死身ではない――ケアギヴァーの負担を軽くするセルフケア――』は，アメリカにおいて最も傷つきやすい立場にいるケアギヴァーたちのために書いたものです。ケアギヴァーは隠れたヒーローであって，他の人をケアしている間に自分の健康を犠牲にすることがあったり，時には命をも捧げたりすることになります。

　ローリー・ブラマーとマリアン・ビンゲイはこの本の中で，家族のケアギヴァーや職業的ケアギヴァーが，病気や障害に悩む人々に身も心も捧げて奉仕するときに直面する重要な問題について述べています。また，ここであげている情報や議論は，すべて今日的なものであり，問題を鋭くとらえ，包括しています。

　特に精神的な面において，親密な関係，立ち入った問題解決，ユーモアなど多文化的にわかりにくい部分を読者に理解してもらえるような内容にしてあります。そして，自分自身を知ることや，相互連絡を改善すること，ケアギヴァーのストレスやバーンアウトについて，またケアの求め方などについての方法が示されています。

ボニー・ジェネヴェイ MSW

序文：この本を読む前に

　「病めるときも健やかなるときも，良きにつけ悪しきにつけ……」は，結婚する熱烈な2人の誓いの言葉です。しかし，結婚する2人の愛とケアギヴァーの愛と献身とを比較して，同じように考えることはできません。なぜなら残念なことにケアギヴァーのもつ情熱は，やがて疲労困憊と孤独，そして怒りに置き換えられてしまうからです。多くのケアギヴァーは，課せられた過酷な労働を「愛をもって対応しなくてはならない」と運命づけて力いっぱいがんばります。しかし，ケアギヴァーの愛にセルフケアというかたちの自己愛が包まれていなければ，がんばり続けることができなくなります。

　この本の焦点は，あなた自身へのセルフケアです。「自分自身が人としてどう幸せに生きるか？」「自己回復力をどうもつか？」が，この本で強調されているテーマとなります。この本を，あなたがケアギヴァーとしてやっていけるための参考書としてください。最近の調査によれば，米国の家庭の4軒に1軒の割合で，50歳またはそれ以上の家族のために1人が主要なケアギヴァーとなっています。若い障害者に対するケアも加えれば，ケアギヴァーをもつ家庭は3軒に1軒の割合に近くなります。ですからもしあなたが今現在ケアギヴァーでなくても，人の寿命が延びたことや障害のある新生児が増加していることを考えると，将来あなたがケアギヴァーになる確率はきわめて高いといえるでしょう。

　代表的なケアギヴァーのプロフィールを示すことはできませんが，あなたが背負うであろうフラストレーション，孤独，時に経験するであろう絶望的な重荷を同情的に理解して伝えることはできます。そしてあなたのケアから満足感と達成感を得る方法を考えましょう。

　この本を読んで，あなた自身の幸せな生き方，自己回復力への目標達成のために必要なものを見出してください。次にあげるのは，あなたがこの本を読んでいる間にさっそく適用することのできるセルフケア技術の主要点です。

① 燃え尽き症候群（バーンアウト）の防止と対応
② ケアのネットワークを構築して用いる

③　混乱とストレスの原因に対応する
④　自己敗北の考え方を変える
⑤　精神力の強化
⑥　ユーモアのセンスを発展させる
⑦　親密な関係の必要性を満足させる
⑧　うつ，絶望，悲しみ，怒り，罪の意識，心配などに対応する
⑨　相互連絡のスキルを構築する
⑩　ウェルネスと再生への計画をつくる
⑪　ケアギヴァーが自分自身をケアする計画をつくる
⑫　ケア後の人生計画

　私たちの広範にわたる学識，研究およびケアの経験に基づいてこの本を書きました。また，20名の現役のケアギヴァーへの個人的なインタビューをすることにより，彼らが介護の役割をいかに認識しているかについてのデータを豊富に得ています。他の人の研究を用いた場合には，符号する引用の番号を付して章の終わりに引用文献としてあげています。

　この本は，あなたのケアの仕事を遂行するための技法について書いたものではありません。多くの共同社会にはいろいろな団体などがあり，それらは各種の障害者に対する介護活動を支援しています。しかしこの本では，第一義的にはあなたについて，次いであなたが自身の内なる感情的および精神的な力を呼び覚ますにはどうしたらよいか，同時に有用な対応技法と態度を発展させるにはどうしたらよいかについて書きました。この本がケアギヴァーとして立派にやっていけるための案内書であるばかりでなく，至難なケアの仕事を遂行しながらも，あなた自身が意義と満足感をもって人生を続けられるための助けとなってほしいと思います。そしてこれらのセルフケアの源を提供するためには，心理学，社会福祉事業，哲学，宗教，薬，教育および文化交流の研究などの豊富な伝統を用いる必要があります。

　また，「他の人に対して行なうケアの方法」についてよりも「セルフケア」に焦点を当てているため，特殊なケアをどうしたらよいかについての参考図書は各章の最後にあげています。職業的ケアギヴァーの管理者や長期にわたるケ

序　文

ア・スタッフを教育するうえでも，この本が有用であることがわかるでしょう。

　著者たちには，ケアに関する豊富な経験があります。ローレンス・ブラマー博士は元大学教授でカウンセリング心理学を専攻し，特に高齢者問題やケアの役割，人生の転機にどのように対応すればよいかといったことを専門としています。彼はスタンフォードで修士号・博士号を取得しました。現在は，応用心理学に関する諸問題について執筆活動やスピーチを行ない，相談も受けています。今までに6冊の本を出版し，その他数冊の本の中で7か所の章を担当しました。また，彼の書いた職業研究と概念上の記事は100を超えます。その本の中の2冊『The Helping Relationship』および『Therapeutic Counseling and Psychotherapy』はそれぞれ6版と7版を重ねました。そして，彼の一般書としての『How To Cope With Life Transitions（人生のターニングポイント）』はこの本に直接的に関連しています。目下，彼はアメリカ赤十字で災害コースを教え，メンタルヘルスの専門家として国内外の災害を担当しています。また，地域における教会のケア計画にも携わっています。

　マリアン L. ビンゲイはスカンディナヴィア語とその文化について博士号を得，さらにその歴史と関連の研究を行ないました。彼女はプロのオーガニストで定期的に演奏しています。マリアンは5人の子どもを育て，夫が亡くなる最近までの長い間，病気の夫をケアしてきました。そして牧師の妻として，彼女は30年間にわたり聖職者のケアに深くかかわってきました。マリアンはまた，数年間にわたり大きな都市や郡の病院で社会福祉の仕事にも携わっていました。現在彼女は，地方のホスピタルでボランティアとして働いています。彼女は直接的・間接的にこの本に対して豊富な経験をもたらしてくれました。

　インタビューしたケアギヴァーたちが，自由に勇気をもって個人的経験を私たちと共有してくれたことに感謝します。また，この企画中のマリアン・ブラマーの支えと励ましに感謝します。そしてこの出版に関し，惜しみない協力をしてくれたジェーディス・ヤングとレノール・フランツェンに感謝します。

　　1998年3月　　　　　　　　　　　　　　　　ローレンス M. ブラマー Ph.D.
　　　　　　　　　　　　　　　　　　　　　　　マリアン L. ビンゲイ MA

目　次

日本語版出版にあたって　　ii
序言　　iii
序文：この本を読む前に　　iv

第１部　コーピングとサヴァイヴァル　……………………1

第１章　縁の下のヒーローたち　2
第１節　ケアギヴァーとしてのあなた　2
第２節　セルフケアとは　6
第３節　燃え尽き症候群のケアギヴァー　8
第４節　サヴァイヴァーになる　11
第５節　前向きに働くケアギヴァー　13
第６節　ケアの多様性　14
第７節　異文化間におけるケアのあり方　18
第８節　明るい前途　20

第２章　適者生存　22
第１節　熟練した対応者としてのケアギヴァー　22
第２節　潜在する危険　―闘うか逃げるか？―　25
第３節　支援を構築し，用いる　26
第４節　困難とストレッサーに対応する　30
第５節　否定的思考を変える　36
第６節　ようこそ，名誉ある対応力の高い人の領域へ　41

第２部　あなたのもっている資質を知る　……………………43

第３章　あなたがもてる力を知る　44
第１節　精神的資質　44
第２節　精神的であることの意味　46

第 3 節　道徳と倫理　48
第 4 節　社会への所属　50
第 5 節　価値観　51
第 6 節　信念　54
第 7 節　あなたのユーモアのセンス　55
第 8 節　あなたの内面の旅　58

第 4 章　親しい関係とは何か　60
第 1 節　親しい関係が失われるとき　60
第 2 節　あなたは何を選びますか　62
第 3 節　終わりに　66

第 5 章　あなたの人生をより楽にする方法　67
第 1 節　問題解決　67
第 2 節　試行錯誤　68
第 3 節　論理的問題解決　69
第 4 節　直観的で創造的な問題解決方法　73
第 5 節　経験に焦点をあてる　76
第 6 節　コミュニケーションの有効性　79
第 7 節　そう，あなたは人生をもっと楽にすることができるのです　91

第 3 部　困難な感情との直面　93

第 6 章　悲嘆を乗り越える旅　94
第 1 節　悲嘆　95
第 2 節　何が悲哀をむずかしくするのか？　98
第 3 節　予期された悲嘆と遅れてやってくる悲嘆　102
第 4 節　悲嘆をどう処理するか　102
第 5 節　悲嘆に対する手段　105
第 6 節　悲嘆における男女の差異　110
第 7 節　子どもの悲嘆　111
第 8 節　文化圏による悲嘆の型　112
第 9 節　終わりに　114

第7章　うつ状態をケアするための課題　115

第1節　うつ状態とは，どういう状態でしょうか？　115
第2節　うつ病に強くなる　119
第3節　希望，あきらめ，そして絶望　120
第4節　振り返り　125

第8章　3つの悪役：怒り，罪の意識，不安　127

第1節　欲求不満と怒りへの対応　127
第2節　病める配偶者／元気な配偶者　131
第3節　虐待行動　132
第4節　2度目の介護　133
第5節　許し　133
第6節　罪だと思う過ちを消そう　136
第7節　罪の意識に対処するためのガイドライン　140
第8節　心配とパニックの禁止　141
第9節　心配しているケアギヴァー　143

第4部　あなたの周辺社会で頼りになるものを知る …… 147

第9章　あなたのまわりにある助け　148

第1節　重荷を減らす　148
第2節　ケアマネージャー　149
第3節　ケアギヴァーに対する社会サービス　151
第4節　宗教的なサービス　155
第5節　ケアギヴァーのための支援サービス　157
第6節　コンピュータインターネット　160
第7節　ネットワーキング　160
第8節　カウンセリング　160
第9節　終わりに　162
第10節　日本におけるケアサービスの現状　163

第5部　ウェルネスと再生への計画　………………………… 169

第10章　健康状態を維持する　170
　　第１節　ケアギヴァーのためのウェルネス　170
　　第２節　受けやすい痛み　176
　　第３節　ライフスタイル再生　179
　　第４節　人生回顧　185
　　第５節　すべてをまとめて　188

付録　　189
編訳者あとがき　　192

第1部
コーピングとサヴァイヴァル

第1章　縁の下のヒーローたち

ケアのための能力は
　人生の最も大切なものを与えてくれる
　　　　　　　　　　　　パブロ・カサルス，有名なチェロ奏者

第1節　ケアギヴァーとしてのあなた

　戦いはヒーローをもたらします。ビジネスやスポーツの世界でもヒーローがいます。そして家庭の中にも隠れたヒーローがいます。文句も言わず，不屈の意志で仕事を片づけてしまう。仕事という言葉を超えているかもしれません。たぶんあなたは自分のしていることがヒーローのようだなんて思ったことがないかもしれません。しかし，ケアをしているあなたはまさにヒーローのメダル授与に相当するといえるでしょう。

　隠れたヒーローとされるケアギヴァー（ケアをする人）*は，2つの種類に分けられます。1つは家族や友人が突然の心臓発作や脳卒中，事故などによりケアが必要となって，あなたが看病やこの問題の援助にいちばん役立つ存在の場合です。もう1つは，家族や友人がだんだんと老人性認知症（痴呆症），パーキンソン病や動脈硬化などが悪化したためにケアギヴァーになる場合です。このようにして，きっと最初はやる気に満ちながら，ケアギヴァーというめだた

＊【訳注】ケアギヴァー（ケアをする人）：本書『CARING FOR YOURSELF WHILE CARING FOR OTHERS －A Caregiver's Survival and Renewal Guide－』の翻訳にあたって，結成した研究会「Caregiver」では，当初「介護者」と訳していました。しかし読み込んでいく内に疑問の声が上がりました。2005年3月に原書者との打ち合わせのため渡米した際にブラマー博士は「Caregiverとは親であり，教師であり，看護師であり，治療家であり，カウンセラーなのだ。単に介護する人に限らず，広く『あらゆるケアをする立場の人々』に『セルフケア』の必要を知ってもらい，その技法を学んでほしくて書いた」と言われました。そこで私たちは原語のまま「ケアギヴァー」と，書くことにしました。

ない，語られることのない無償の仕事に就くようになるのです。そう，ケアギヴァーという仕事は自分から就職活動をしなくても就けてしまう仕事の1つなのです。

　ケアギヴァーになると，レジャー，休暇，プライベートや自分の楽しみを犠牲にしなければなりません。しかもケアの期間は無期限です。なぜならばそれはあなたのスタミナや責任感，またはケアをしている人の病気や回復の状態によるからです。そういうあなたはまさに隠れたヒーローなのです。そして，セルフケアという生存能力や変わり方を知ることはケアギヴァーにとって必要なことです。

　ケアギヴァーの声を聞いてみましょう。

> **老いた両親のケアをしているひとりっ子**：「1人でケアをしていると，とても孤独を感じます。誰か分かち合ってくれる人がいればと願っています」。
> **妻**：「主人が絶えず私にしがみついてくるので，まるで囚人になったような気分です」。
> **養子**：「実子らと責任分担についていつも問題になります。敵対視のようになり，それらが私たちの関係をダメにしはじめています」。
> **同性愛者（レズビアンやゲイ）のケアギヴァー**：「差別や，家族，友だちからの援助が得られず，いつもそのことで傷ついています」。
> **兼業主婦**：「外でも働き，そして同時に父のケアと家族の世話をしないといけません。もうぐったりです」。
> **後妻**：「何年も元夫のケアを続けてきて，いったい，いつになったらこれは終わるのかと当時は考えていました。そして現在は，今の夫のケアもしています」。

　印刷された言葉だけでは，ケアギヴァーの本当の感情ははかり知れません。なかにはケアから達成感を得られるという人たちもいますが，私たちの経験，面接やリサーチにより，ケアする多くの人がつらいと感じていることがわかります。ケアから安堵感や恩恵を得られるという声もあります。しかし多くの人が驚き，苛立ち，後悔，孤独感，恐れ，パニック，罪悪感，悲しみなどの感情をいだき，そういった声がよく聞かれます。ここで語られるケアの話によって，ケアに挑戦していこうという目標やケアからくる負担感を減らすことができるようになるでしょう。最初にも述べた通り，すべてのケアギヴァーが介護の仕事を重荷とはとらえていません。もちろんそのような人たちも，時にはケアに困惑させられます。しかしケアを自分に与えられた特権，愛ある仕事ととらえ

たり，または「必要とされる」ことを達成感や満足感を得られる機会ともとらえているようです。どのようなケースでも，ケアに対してこのようなポジティブなアウトルックをもっている人は人生の意味を得ています。私たちが調査を行なった中のケアギヴァーの1人はこう言いました。彼女は自分の年老いた両親の面倒をみることは，彼女にとっての特別な特権であるというのです。最後にこうも言いました。「ケアから，私が与える以上のことを得ることができました」と。

長距離間におけるケア

　家族の移動性が高まり，今日ではケアを必要とする家族が遠くにいるということもよくあります。そうなると専門のケアマネージャーと在宅介護のアレンジをしなくてはなりません。きっと，ケアマネージャーは在宅介護をしてくれる人を雇ってくれるでしょう。または，地域単位の高齢者サービスオフィスなどでも経済的な金額でサービスを受けることができると思います。しかしいくら専門のケアギヴァーをアレンジしても，遠くにいるあなたの愛する人への日々の心配事や苦悩が直接減ることにはならないでしょう。

　最近，祖父母が自分の孫ばかりでなく，他の子どもの面倒をみるようになるという状況が増えてきています。アメリカの国勢調査によると3,700万人の子どもたちが両親，しかも祖父母のいる家庭に暮らしています。それによりさまざまな社会的問題が40%も増加する要因となりました。やっと定年を迎え自分たちのレジャーや旅行，あるいは経済的な安定感を楽しもうとしていた祖父母たちにも，ケアギヴァーとしての役割が入り込んできたのです。この新しいタイプのケアギヴァーはリタイア後の計画を延期させられ，そしてそれによって彼らもまた，怒りや悲嘆を感じるようになってしまったのです★1。

複数の人に対してのケア

　もしかしたら，現在あなたは複数の人をケアしていませんか。もしそうであるならば，この本はまさにあなたのような方のために書かれています。すなわち，複数の人を同時にケアすることからくる多角的な負担感です。もしかするとあなたは現在「サンドイッチ世代」にいませんか。育児をしながら年老いた

両親の面倒もみなくてはならず，そしてまた配偶者でもあります。1人の時間，忍耐や労力ではとてもコントロール不可能で，この状態は人生のうちでいちばんたいへんな世代であるといえます。このようなケアギヴァーはKin-keepers（中年で家族を抱える人たち）と呼ばれています。

複数の人を同時にケアすることからくる多角的な責任感の真実がどんなものかは，アメリカ高齢社会学[★2]に記されています。

> 69歳の女性エマは，40年以上もケアに携わっていました。まず2人の子どもを育てました。彼女の夫は12年間も動脈硬化におかされ，最終的にはかなり集中的なケアが必要となりました。夫の死後も，息子も同じ病気におかされ，現在も入院している施設に入院するまでの間，今度は息子のケアが必要となりました。そのころ，長いこと世話になっていた下宿人の体が不自由になり，彼がアルコール中毒治療施設で亡くなるまで彼のケアにも20年携わりました。現在は，93歳になる母親を常にケアしなくてはならず，援助も遠くに住むきょうだいがたまに来たときにしか受けられない状況です。
>
> エマは自分のケアにしっかり責任をもっていました。しかしインタビューの際「まったく自分のための時間がとれません。自分の病院の予約をとる時間すらないのです」と語りました。このときに彼女の瞳から涙が流れました。きっと彼女は何年も自分の心境を打ち明けていなかったのでしょう。しかし，彼女はサヴァイヴァルとしての対応能力の素質をもっていました。彼女は自分の経験談を話しながら，喜びを見いだすことができたのです。そして彼女は，ケアという仕事をたいへん能率的にこなしていたのです。

このケアギヴァーのようなできた話はまれなのですが，ケアギヴァー自身のセルフケアとサポートが必要だということがこの例からもわかります。きっとあなたも，複数の人を同時にケアすることがどんなふうに気持ちを疲れ果てさせるかわかったと思います。また，ケアギヴァーが信頼のおける人に心境を打ち明け，感情の息抜きをはかることの必要性もみえてきたでしょう。

ケアとは

ケアとは，以下に示すような人間的で親愛的な行動です。

・同情し相手のことを気にかけていることを表わす。
・愛情があることを表わす。

- 自分でできると言ったからにはそうできるようにする。
- 相手の幸福を気にかけていることを言葉と行動をもって示す。
- 相手とともに喜び，ともに悲しむ。
- 自分が話したいときでもまず相手の話を聴く。
- 親身になって相手の話を聴く★3。

以上の結果，あなたのケアはどのようなものでしたか？

第2節　セルフケアとは

　人をケアするということはたいへん尊敬すべき博愛的行動ですが，実際にケアを施しているケアギヴァー本人のケアは忘れられがちです。ケアギヴァー自身のセルフケアは，ケアに費やされるのと同じくらい重要な関心が必要なのです。特に，長期間のケアならなおさらです。

　セルフケアとは自分自身を愛し，誇りに思い，自分を受け入れることです。それは自分は尊敬される人間なのだと確信することです。このセルフケアの姿勢は，毎日のストレッサーに対応するのに非常に有効的です。それはつまり，「今の状態でできるすべてを私はやった。これ以上自分を責めるのをやめよう。自分の限界は自分で決めよう」というように，ケアに対する期待や要求に，ある程度リミットをつけるということです。

セルフケアの責任

　幸福になるには，自分で責任をもたなくてはなりません。ケアをする際に，最初に自分のことについて考えてみましょう。そうすることによって，ベストなケアができるようになるからです。このセルフケアの概念は，私が何でも先，いちばんでなくては気がすまないといういわゆる自己中心的な概念ではありません。また，他より自分のほうが勝っているというごう慢な自己愛や自尊心からくるナルシズムとも違うものです。セルフケアとは，自分を愛し，尊敬し，哀れむというふうに自分を大切にしているからこそ，相手にも同じようにでき

るようになるということです。

セルフケア習得の障害になるもの

①自尊心を築くにあたって，文化や特に家族からの影響が障害になることはよくあります。たとえば，小さいころから自分を押し殺すことを学んでいたり，親から無理な要求をされていたり，学校では先生に厳しく評価されていたり，同僚からもからかわれたり，あざ笑われたりしているとします。すると，そのような高い期待感や批評的な状況にいる自分はその期待にはこたえられず，しだいに自分はなんて不十分で価値のない，不相応な人間なのだと思い込むようになります。あなたがすでに人の親だとしたら，すべてが親のしつけや養育のせいだったと言い切れないことはおわかりでしょう。しかし先にも述べたように，自分の行動には自分で責任をとらなければなりません。これらの育児結果の例は，セルフケアを発達させるのに及ぼす影響を少々わかりやすくするためにあげたにすぎません。

②ケアギヴァーとしてあなたは，自分のしたことについてそれ相当の感謝の気持ちを受けていないのではないかと思います。多くの場合，ケアを必要としている人は傷ついており，自分の要求ばかりに走り，また痛みなどによりケアギヴァーに感謝の気持ちを伝えることがままなりません。そんなとき，あなたは自分のしていることが不十分なのではないかと感じていませんか。ルーズベルト大統領の妻であるエレノアは，ケアギヴァーに対してこう名言しました。「自分の同意なしには，自分が人より劣っていると思うことはできない」。言い換えれば，自分で自分を中傷していませんか，ということです。あなたも自分に対して厳しくしすぎてはいませんか。

③もう1つセルフケア習得の障害になるものに，自分が何をしたいかはっきりとわかっていないということがあります。そのような状況だとあなたは友人や家族から頼みごとのターゲットにされやすくなります。自分ができること以上の頼みを友人から受けて「No」と言えないでいませんか。彼らはいかにもその頼みごとがほんの数時間ですむなどと遠まわしに言ってきて，断りにくく仕向けますが，その時間がどんどんエスカレートすることは言いません。本当は「No」と言いたいのに「Yes」と言ってしまうと，あとから自己

嫌悪に陥ってしまいます。そんなに「No」と言うのに抵抗がありますか。

④最後の障害は、ケアギヴァーがセルフケアのための時間をとりづらいということです。セルフケアのための時間を、家族のケアや面倒、仕事、地域社会貢献などの時間にさらに足してつくること自体が重荷になると考えられるからです。私は強いし、活気に満ちたサバイヴァーなのだという声もあります。もしそうならばそれはたいへん結構なことなのですが、ケアという累積的な仕事の要求は高くなってきているため、それによって常にエネルギーを消耗させられてしまいます。そして、この状況はいわゆる燃え尽き症候群（バーンアウト）につながっていきます。ケアギヴァーの間では、バーンアウトのことを「哀れみの疲労」とも呼んでいます。自分の時間を見つけるのはそんなにむずかしいことでしょうか。ここにあげたセルフケアの障害となるものに、あなたはいくつあてはまりましたか。そして、それを減らすためにあなたは何ができるでしょうか。

第3節　燃え尽き症候群のケアギヴァー

燃え尽き症候群（バーンアウト）とは、心身ともに起こる激しい疲労のことです。

> ジョージアは、50代中盤の主婦で30年間ケアに携わっています。パート勤務もしています。まずはじめに彼女は、彼女を育ててくれた祖母のケアに明け暮れました（ジョージアの父は彼女が赤ん坊のころに他界、母は正社員として外で一日働いていました）。その後、身体障害のあるアルコール中毒の夫と離婚するまでの10年間、彼の介護をしました。そして、シングルマザーとして3人の子どもたちが独立するまで育てあげました。当時彼女は、同時に高齢の継母のケアにも12年を費やしていました。現在、継母はほとんど自力で動くことができず、視力もたいへん悪化し、常に痛みがある状態です。ジョージアは週に35時間継母のケアに費やし、また同じく35時間外でのパート勤務にも費やしています。思い出せるかぎりで休みをとった記憶などありません。彼女の少ない稼ぎではケアサービスを雇うこともできないし、頼れる親戚もほとんどいません。ジョージアはこう言いました。「私は疲れきっています」。それから自分のフラストレーションや絶望感について語りだしました。彼女の溜まりきった怒りは、会話の中にも頻繁に出てきました。

第1章 縁の下のヒーローたち

　あなたもきっと，いったいなぜジョージアがこんなに長い間がんばってこれたのか不思議に思っていませんか。ジョージアやその他のケアギヴァーの経験談からも，燃え尽き症候群を起こしやすいケアギヴァー像が見えてきたと思います。そう，バーンアウトは良心的でがんばりやのケアギヴァーに特に起こりやすいのです。

燃え尽き症候群の兆候

- 疲労，心身ともに疲れきっている。休息をとっても回復しない。
- 憤慨や怒り，そしてほとんどの場合，その怒りは自分に対するものである。
- 多大な責任感を感じる。「いつか自分の手に負えなくなる」。
- 以前興味のあった楽しかったことに興味がなくなる。「楽しみなんてない」。
- 消化不良，食欲低下。「体の調子がおかしい」。
- はっきりしない痛み。「この仕事を始めてから関節が痛む」。
- 眠りにつきにくい，眠りが浅い。「最近，睡眠薬を使い過ぎている」。
- 落ち着かず，神経過敏になる。「いつか滅茶苦茶になってしまえ」。
- 無関心，無反応。「どうでもいいさ」。
- 記憶力，集中力，注意力が悪くなる。「仕事に集中できない」。
- 介護を皮肉的，絶望的に考える。「皆，私のことなんて忘れているし，私のことなんてどうだっていいと思っている」。

注意——燃え尽き症候群は知らぬ間に悪化していきます。ケアギヴァー（あなた）が下記に示す段階で，だんだん落ち込んでいくようすに気づきましょう。

- 現在のケアに幻滅，欲求不満を感じ始める。
- 厳しい自己非難や未来に対して意気消失したり，絶望的になる。
- ケアに対するやる気喪失，特に気持ちが離れる。
- 機能障害。ケアをまったくできなくなる。身体に障害があらわれる。ケアギヴァー自身のケアが必要になる。

第1部　コーピングとサヴァイヴァル

燃え尽き症候群（バーンアウト）に対応するには

　すべてがマイナスではありません。希望もあるのです。そのことについては後の「ストレスマネジメント方法」「新しい人生」「ウェルネスと再生への計画」で詳しく紹介されています。

- 自分の感じている気持ちを表現する。嬉しい，痛み，失望，後悔など。
- 人として，ケアギヴァーとして自分のもっている長所をあげてみる。感受性の高さ，寛容さ，同情，フレンドリーなところなど。自分の短所のほうがあげやすく，はじめはやりにくいかもしれないが，自分の経験の中で自分自身が最も輝いていたことを思い出しながら始めてみる。
- 長所を紙に書く。例としては，「私は有能だ」「私は価値のある存在だ」「たくさんのことをうまくこなせる」など。そしてこの紙を毎日見る鏡に貼って，繰り返し言い聞かせる。
- セルフケアは自分でコントロールする。セルフケアを親戚，牧師，セラピスト，支援組織にゆだねない。セルフケアができると，あなたのケアを受ける人もさらに効果的なケアを受けられるようになる。
- すでに手一杯のときに新しい要求がきたら，「No」と断ることができるように練習をする。
- 献身的にケアに携わる。しかし，同時にいったんケアから離れたら自分の目的達成にも努力する。ケアと自分の生活に一定の線を引いておく。この2つのバランスを保つのはむずかしいが，生残するためには必要なことである。
- 地域社会や家族とケアのバランスを保つ。これらの行動の基本的なバランスを崩さずに，自分の人生を保つ。
- 自分の好きなリラックスできる時間をもつ。このリストには終わりがないだろう。読書，ウォ

ーキング，楽器演奏，瞑想（メディテーション），編物など。
・成功している人の行動で，自分が得られると思うものをリストアップする。

第4節　サヴァイヴァーになる

　幸いなことに，私たち人間は生まれながらにして強いストレス耐性をもっています。人類は，存続するためにその時々の状況下でのストレスを軽減する方法を身につけてきました。私たちがつちかってきた援助のネットワークをはったり，思考を変更したりして行なうストレスマネジメントや，問題解決のための対応能力（コーピングスキル）は，自分が被害者であると考えるのを防いでくれます。

　サヴァイヴァーには虐待，詐欺，暴力などに苦しんだ過去があります。アルシバートの研究によると，サヴァイヴァーはむずかしい家庭環境で育っていたり，天災の被害を受けていたり，大虐殺や大事故を経験していました。にもかかわらず，彼らは新しいポジティブな目標をたてることができたのです。また，起きてしまったことに対しても，人生の重要なことを学べた機会だと受け止めました。サヴァイヴァーとは，このようにして新しい自分の人生を築くことに成功した人々であると書かれています[★4]。

　つまり，サヴァイヴァーとは不幸な事件の後，自分の強さを引き出すことができた人たちです。戦争捕虜は長い間監禁されました。大虐殺事件の被害者たちは何年間も残虐行為に苦しめられました。また天災によるサヴァイヴァーたちもそうです。彼らはみな，かつて学んだことのないポジティブな生還方法を自らの苦悶より得ることができたのです。ここに，たいへん感銘的な例が1つあります。死のキャンプと呼ばれた大虐殺の戦場に何年もいたフランクル博士の話です。今おかれている苦悩の意味を見いだすという彼の探究は，彼自身をこの大虐殺から生還させました。そして後に彼は，世界大戦後の精神療法（サイコセラピー）への有能な貢献者の1人となったのです[★5]。

　これらのサヴァイヴァーの描写は，日々のケアに苦労しているケアギヴァーにも勇気を与えるでしょう。あなたも毎日のケアからくるむずかしい問題や苦

労から，もっと高いレベルの自信や自己価値観，精神強度（耐性）を身につけられるのです。中国でも古代から「難事，危機の中には好機がある」といわれています。私たちの調査の中で，ジョンに介護についてポジティブな点をあげてみてほしいと尋ねたところ，彼の答えは次のようなものでした。

> 「苦労を乗り越えたことにより自分の内面が強くなったことと，自分にできることを全力で行なっているという充実感。それから同じような状況にいる友人をもっと理解できるようになったことです」。

サヴァイヴァーのガイドライン

① サヴァイヴァーは，不運を幸運に変える方法を心得ています。この方法を活用して，ケアギヴァーも今おかれている立場をもっとポジティブなものに応用することができるのです。ケアギヴァーとして貴重な経験を積むことにより，プロのケアマネージャーや看護士，小児科の病棟保育士，またはケアセンターの監督として将来働くことができるようになるかもしれません。ケアギヴァーは，自分が強い人間だと確信することにより，さらにストレスや失望感，悲しみに強くなるでしょう。また，難関を乗り越えたことによるプライドや，社会へ貢献したことへの満足感もうまれてくるでしょう。自分のしてきた，またはこれからするであろう介護の中で悪い状況と考えているものの中からよいことを見つけられないか，この経験により私は何を学べたのか，どんな強さが身についたか，など自分に聞いてみましょう。

② ケアギヴァーとしてむずかしい状況に遭遇した際，つまり自分が逆境に面したときに，自分がどのように反応しているかを知ることができます。あなたはいつも逆境に対して同じ反応をとっていませんか。たとえば，感情的になったり，他人または自分のせいにしたりしていませんか。逆境に対してこれは運命の陰謀で，自分はまた被害者だ，などと反応する傾向がありませんか？　それともこの逆境にも受けて立とうと挑戦意識をもったり，または状況の中のポジティブな可能性をみていこうとしていますか？　そして，あなたはこんな反応をしたことはありませんか。「なぜ私のような善人に，こんなことが起こったんだろう。神様，私のことを愛してくれているのなら，なぜこんなことを私にさせるのですか。どうして私ばかりいつもついていない

のか」。
③唇を噛みしめてサヴァイヴァーとなる決心をしましょう。そして，自分にこう言い聞かせましょう。「私はサヴァイヴァーなのだ。私は変われる」。

> ルイスはインタビューに「私はこの経験によりさらに強くなりました。最初は続けられる自信がなかったのですが，ルイスおまえならできる，がんばるんだ，おまえなら家族をこの危機から救えるんだ，と自分を激励しました」と言いました。

第5節　前向きに働くケアギヴァー

　セルフケアのもう1つのアプローチ法として，自らのケアをうまく行ない，高い任務を遂行できている人の特徴を観察するというものがあります。ガーフィルドは，成功しているアーティストや政治のリーダー，スポーツ選手などプロフェッショナルな人々の特徴を研究しました[★6]。生まれながらにしてもっている才能を除いても，このような素質は，私たち誰にでもあるものなのです。

前向きに働くケアギヴァーの特徴
- 強い内なるやる気（モチベーション）や自発性があり，前回を超える成果を出そうとする。
- リスクを負うが衝動的には行動しない。しかし，必ずしも容易な範囲のみでは行動しない。
- 自分がうまくいっているところを想像できる。
- 友人や家族などサポートのネットワークを築ける。
- 優れたものをめざすための技術や方法を追求するが，すべてを望もうとはしない。
- 時間を有効に使える。今やらなければならないことと，あとに回せるものとの差を心得ている。
- 考えるための時間をとることができる。
- 体を動かす機会をもっている。
- 混乱，無秩序，曖昧な状況での耐性に富んでいる。

・挑戦を歓迎できる。

　前向きな人は一生懸命に働きますが，その一方で非常に効率よく働いています。彼らは不必要に時間を費やしている仕事中毒者（ワーカホリック）とは違い，適度に休息や休憩を入れることでより効率的に働けているのです。

前向きに働けるようになるには

　目標のリストをつくってみます。その中で，すでに高得点をマークできているものはありますか？（○印をつけましょう）。その中で，これから習得したいものはありますか？（×印をつけましょう）。この目標のリストを掲げることをやめたくなったら，そうしてもかまいません。まずは自分を受け入れることから始め，一日のうちで1つずつ自分のできることにベストを尽くしていけばいいからです。はじめからあまり高い目標をたてすぎたために欲求不満を感じたり，自分が不十分なのではと思うようでは，この方法はかえって逆効果となってしまいます。

第6節　ケアの多様性

多様化するケアギヴァー環境

　ケアギヴァーも，多様な人々のグループから構成されています。そのため，いわゆる典型的なケアギヴァー像を語るのはむずかしいことです。高齢者の寿命が延びているため，ケアギヴァーのニーズは今後さらに増加するでしょう。85歳以上という年齢グループが，現在の合衆国では最も早い勢いで伸びている人口グループです。この事実からも，体の弱い高齢者や障害のある高齢者人口が増加することがわかります。そして同時に，ケアに携わることのできる子どもたちの人口が減少していることも確かです。介護の必要な人は増加し，さらに寿命は延びているのが現状です。国立の年齢研究所によると，2040年には，アメリカ人男性の寿命は85.9歳，女性は91.5歳になるとまで言われています★7。

　現在のケアギヴァーの平均は，40代前半から中半の有職者で，そのほとんど

が配偶者や子どもと暮らしています。66%が既婚者です。夫のケアをする妻の平均年齢は65歳で，30%は74歳以上です[8]。同じ国立の調査書によると，年齢の差，雇用形態の差，ケアに携わっている時間差などはさまざまです。そして，75%のケアギヴァーは女性です。1/4のケアギヴァーが仕方なくケアしている，または他にできる人がいなかったからケアをしていると言っています。

長期に及ぶケア

　長期型介護施設や専門の介護施設は急速に増加していますが，その料金はほとんどの家庭，介護保険に入っている家庭にさえも非現実的な金額です。多くの家庭が，高齢者を生活保護に預けてしまうといわれています。多くの中年になった子どもは，高齢になった親のケアを最初はすすんでみようとします。しかし今まで述べてきたような複雑な役目を続け，一日中ケアに携わるうちに，しだいにジレンマへと陥っていきます。親のケアをしたいと思うのと同時に，どんどん増えつづけるケアからも逃げたくなるのです。

　中年になった子どもは，高齢化した両親または障害のある自分の子どもたちのために離職することもあります。新しい連邦法の家族休暇法（Family Leave Law）により，ケアギヴァーは仕事とケアをもう少しフレックスにはかれるようになりました。ほとんどの高齢の両親は，子どもたちといっしょに住みたいとは思っていません。しかし，健康問題や経済的問題によりそうせざるをえないのです。

ケアの経済性

＊ぎりぎりの収入　　ほとんどのケアギヴァーは中年の女性であり，そのうちの多くはシングルマザーです。そして自分が家長となり，十分なお金で快適な人生を送ろうとしています。しかし現実には女性1人のケアギヴァーの収入は社会保障からのものか，または勤務していてもその収入は低く，時にはまったくゼロということもあります。年金を受けられる人もいますが，多くは社会保障からの収入のみです。ケアマネージャーや在宅介護サービスを，収入から雇える者はほとんどいません。そのため，大多数は貧困生活を送っています。1995年度の男性高齢者の平均年間収入が15,000ドルであるのに対して，65歳以

第1部　コーピングとサヴァイヴァル

上の女性の平均年間収入は8,500ドルです[★9]。高齢女性リーグのデータによると，じつに1人で生活している女性の40％が貧困レベルで生活しているということです。

＊予期せぬ出費

> 　ジョージとジュディは定年し，快適な年金定年生活を迎えることとなりました。しかしその後すぐに，ジュディの母の体調が急激に悪化してしまいました。定年を迎えたばかりの娘であるジュディが，母のケアギヴァーになるのは家族間では暗黙の了解でした。ジュディは移動費と時間の節約をはかるため，家で母の面倒をみることにしました。ジュディとジョージにとって，この支出は彼らの定年生活の計画外でした。母のケア費用は，母の社会保障と医療保険の両方を使ってもカバーしきれませんでした。ジュディの弟も時々手伝ってくれましたが，彼自身もまた貧困レベルでの生活者でした。このようにして，ジョージとジュディの快適なはずの定年生活の計画も，貧困レベルぎりぎりでの生活へと変わってしまいました。

　退職金をケアに必要な費用にあてることの問題点は，一見，ケアにかかるお金を外で稼いでくるよりも容易なように見えるところです。しかし，たとえ1人の女性のケアギヴァーの家庭に万全のケアサービスが供給されても，仕事を辞めてしまっては，結局彼女は貧困レベルぎりぎりの生活になるというリスクを負ってしまいます。またそれは同時に，自分自身の定年後の生活資金への貯蓄を困難にしてしまうというリスクも伴うのです。

＊改築費用　　その他にも，ケアにかかる費用には，家でケアをする場合には，家の中を改装，変更するためにかかる改築費用があります。おもな例として，レールや手すり，車椅子用のスロープ，すべり止め機能付きマットや家具，棚などの設置があります。時には，ケア機能付きシャワー設置のための鉛管工事が必要になることもあるでしょう。

＊経済的不安　　経済的不安は，ケアを受ける人とケアギヴァーの両者にあります。実際にはかなり裕福な人でも，ケアを受ける人は資金がつきてしまわないかと不安に思うものです。反対に，ケアを受ける人がお金や独立に対して高いプライドをもちすぎているために，最後までお金を遣いきってしまう場合もあります。

> レオナルドは，もう何年もアパートで1人暮らしをしていました。彼の妹が，ときおりようすを見に来てくれていました。この時点で彼は，全財産を自分で所有していました。しかし妹は，兄の空っぽの冷蔵庫や戸棚に気づき，彼が本当に1人でうまくやっているのか疑問を抱き始めました。彼女は兄に食事を届け，近所の人に兄のようすを観察しておいてほしいと頼みました。そしてそれからすぐに，近所の人からお兄さんのようすがおかしいという電話が彼女の元に入りました。彼女はすぐに兄のところへ駆けつけ，アパートを手放すようにすすめました。はじめ兄は抵抗しましたが，彼女はなんとか彼を近くのグループホームに入院させ，今は彼の経済的な管理を請負っています。

＊**無期限の委任状**　　この公的書類はケアを受ける人の遺言に付属され，もし本人が医療またはケアの選択や決断が下せなくなった際に，ケアギヴァーにそれを委任するという証明書のことです。たとえばこの委任状があると，患者を入院させ，費用は患者の資金よりまかなうようにしたり，患者のもう必要のなくなった所有物を売却したりできるようになります。ケアを受けている人からの署名なしではこの書類も効力がないため，本人が署名できるうちに用意しておかなくてはなりません。また，家族全員がこの委任状に賛成しなくてはなりません。この委任状の存在により，あなたはもっと安心できるようになるでしょう。

＊**財政計画について家族会議をする**

> フランクは，家族といっしょに財資源はケアに必要不可欠だと話し合いました。

　財資源をテーマにあげて皆の気になっていることを事前に話し合っておけば，後の衝突の要因も減ります。お金が足りなくなってしまうのではという不安の声や，遺言を残す準備の必要性ももち上がるかもしれません。ケアギヴァーになると扱いづらい，ケアを受ける人の金銭にかかわる問題についても，このような家族会議を開くことによって解消できます。具体的にはたとえば，誰が普通預金を管理するのか，誰が公共料金を支払うのか，誰が源泉徴収を申請するのかなどといったことです。

＊**介護簿をつける**　　面倒な仕事なのですが，大きな財的決断時の記録，契約書のコピーなどの介護経費記録を取っておくと，後に失敗を避けることがで

きるでしょう。このような介護簿をつけておくと，サービスを受けるときにも有効ですし，家族間での疑惑やうわさ話などが起きたときにも役立ちます。

第7節　異文化間におけるケアのあり方

　産業化した国々には，多くのマイノリティー（アメリカ社会では白人以外の民族系人をさす）が暮らしています。そのため，各民族によって，障害のある人々へのケアの姿勢や責任の持ち方に違いがあるという事実を知ることはたいへん重要なことです。また，現在は，都会でも驚くほどの多様な民族が暮らしています。民族によって，誰が高齢者，子ども，障害者をケアするのかという姿勢には違いが見られますが，基本的なケアの手段や慣習などは相似しています。私たちのデータは，長年にわたる異文化間問題の研究，さらに異文化における暮らし方や，さまざまな人種グループの代表者たちから得たそれぞれの人種におけるケアの性質についてのインタビューなどをもとにしています。

　かつては，多くの人種グループが，高齢者や障害のある子ども，病気に苦しんでいる親戚などはおのおのの核家族単位で面倒をみたりケアしたりしていました。中には，村で捨てられた子どもや大人，病人などをすべて拡大家族でケアするという社会（共同体）もありました。特に，高齢者は，家族の貴重な存在，賢者として尊敬されていました。現代ではより一般的である，重荷という扱いはされていなかったのです。現在でも，都会の環境で暮らす家族グループの中には，死ぬまでケアするのみでなく，寝たきりになっても家族としての自尊心をもてるような重要な役割を与えるようにしているところもあります。そして，他の高齢の家族メンバーは，その家族の歴史と文化の継承者としてとらえられているのです。

家族ケアの伝統

　アメリカ先住民，アフリカ系，アジア系，ヒスパニック系アメリカ人の人口が拡大してきていますが，みないまだに，病気や弱った家族，障害のある家族のケアには自分たちの理想のやり方に執着している部分があります。そして，

専門のケアギヴァーを雇うことはケアギヴァーとしての責任を果たしていないと考えられることもあります。合衆国の連邦ポリシーとしても，障害者ができるだけ長く家にいられるように援助をしています。これは財政的なポリシーとしてのみではなく，最近の傾向である障害者を長期型介護施設へまるで倉庫にでもおさめるかのごとく送ってしまうのを防ぐための，人を高尚に扱うためのポリシーでもあります。

ケアギヴァーに対する家族からの期待

マイノリティーのケアギヴァーを困らせる要因の1つとして，文化的伝承があります。すなわち，ケアはその家の長子または独身の女子がするものだという伝統的な期待感です。アナの状況を例にみてみましょう。

> 中年で独身のアナは，高齢の両親のケアをしていました。彼女は自分の中年の人生がすべてケアに奪われてしまうのではないかというプレッシャーに憤慨していました。しかし，彼女をもっと憤慨させていたのは，結婚を理由にこのケアの仕事を免れている3人のきょうだい姉妹でした。そして，自分のきょうだい姉妹が仕事や費用を分担してくれないという事実に，彼女の怒りはさらに大きくなりました。

否定的な決めつけ

マイノリティーのケアギヴァーを困らせるもう1つの要因として，差別を感じたり，否定的な決めつけによって憤慨したり不十分だと感じたりすることです。もしケアギヴァーとケアを受ける人との人種が異なる場合，一見そこには目に見える偏見や先入観はないかもしれませんが，見えないベールの向こうには，社会的環境による人種偏見が反映されています。ケアギヴァーは気づかないかもしれませんが，いまだにそのようなことは存在しているのです。このような状況から考えると，ケアギヴァーはどうしたらよいでしょうか？

① まず自分が人種偏見の傾向をもっていることを知る。そしてそれを自覚しておく。
② いろいろな人種と近い存在になっておく。そうすると彼らも自分と同じような目標や問題を抱えた同じ人間なんだということがわかってくる。

③関係を公平に保つ努力をする。ほとんどの偏見は不公平から始まっている。みなが同じように働くことができるようにする。主人と召使い的な関係を正していく。

> サリーはマイノリティーのケアギヴァーで，障害のある高齢の白人夫妻のケアをしています。特に男性のほうが，サリーの人種を理由に無礼に扱いました。サリーが夫妻を「〜さん」と呼ぶのに対して，夫妻は彼女を下の名前で呼び，「サリーさん」とはけっして呼びませんでした。サリーはついに，彼らの差別的な態度について夫妻と立ち向かいました。サリーのケアに頼りきっていた夫妻は，彼女がいなくなってしまうことを恐れました。そして自分たちの活動にも彼女を仲間に入れるようにし，食事もいっしょにとるようにしました。夫妻はサリーを家族の一員として扱うようになり，そうすることによってお互いがさらになじみ深くなりました。お互いを知ることにより，夫妻はサリーを人として，またかけがえのないケアギヴァーとしても尊敬し感謝できるようになったのです。

世代間の差異

良心的だった以前と比べると，現在の世代の人はケアギヴァーとしての責任をそこまで果たそうとはしていません。しかし伝承を受け継ぐ家族や，高齢の障害者を敬おうという思想はまだ現在にも残っています★10。家族支援における考え方の差異は，社会経済がおもな理由だと考えられます。今までずっと，若者には「親孝行」というような，高齢者を敬いケアをするべきだという教訓的な義務がありました。多くの文化で，このように高齢者への援助を若者に期待し，それが一種の保険のような感じにとらえられていたのです。しかし，現代の都会暮らしでは，こういった伝統的な家族の責任を負えるだけの財力や家族関係を維持できないのが現状です。もしあなたのケアをしている人が高齢のヒスパニック系アメリカ人でしたら，映画「バリアー」を観ると彼らの問題を知るヒントが得られるかもしれません。

第8節　明るい前途

ケアの研究では，ケアからくるさまざまな重荷について強調されています。

ケアは非常に骨の折れる仕事ということは事実ですが，その半面，重要なことを遂行することから得られる満足感もあります。また，ケアの仕事を通じて，ケアギヴァーは自分の存在にたいへん価値があると知ることもできます。そういうケアギヴァーは，これからのケアがもっと楽にできるということを知っているので，ケアに対して自信もつきます。この明るい前途への鍵となっているのは，セルフケアの習得と社会福祉サービスをうまく利用できているかということにかかってきます。このところメディアが「忘れられたケアギヴァー」としてケアギヴァーの苦境を取り上げているため，ヘルスケア協会や政府からの支援も増加する傾向にあります。近い将来，ケアギヴァーにも明るい社会認識や援助が得られる希望もあるのです。前向きなサヴァイヴァーになるためには，他の技術も必要になってきます。第2章では，サヴァイヴァーの対応法について詳しく触れたいと思います。

引用文献

1. Mary Morrissey (ed.), "More Grandparents Raising Grandchildren," *Counseling Today*, January 1997, p. 10.
2. Lawrence Brammer, "Evaluation of Project Access: AARP Region X and Gerontological Society of America" (a study of consultants to caregivers), 1988.
3. C. Gilbert Wrenn, *Intelligence, Feeling, Caring: Some Personal Perceptions* (Greensboro, NC: Eric/Cass, 1996).
4. Al Siebert, *The Survivor Personality* (New York: Periger, 1996).
5. Victor Frankl, *The Doctor and the Soul* (New York: Knopf, 1969).
6. Charles Garfield, "Why Do Some People Outperform Others?" *Wall Street Journal*, January 12, 1982, p. 2.
7. Dorothy Coons and Nancy Mace, *Quality of Life in Long-Term Care* (Binghamton, NY: Haworth, 1996).
8. Michael Johnson, *Labor of Love: A Guide for Caregivers* (Seattle: AARP Project Access, 1988), p. 8b.
9. Family Survival Project —San Francisco, "Overworked, Underestimated" (research summary), Family Survival Project, 425 Bust St., Suite 500, San Francisco, CA 94108, p.3. (They also publish a newsletter, Update.)
10. Shirley Lockery, "Caregiving among Racial and Ethnic Minority Elders," *Generations*, Fall/Winter, pp. 58-62.

第2章　適者生存

ケアする人にこそ，
　　最もケアが必要なのです。

　　　　　　　　　　　　　　　マヤ アンジェラ，1997，4月

第1節　熟練した対応者としてのケアギヴァー

　あなたは対応能力が高い人ですか？　おそらく，とても優れた対応力がある人だと思います。さもなければ，今日までの日々を生き抜いてこられなかったでしょう。もしあなたがケアや将来のケアギヴァーとしての自分自身を思い描きにくいとしても，生きるための対応技能（コーピングスキル）は磨くことはできます。

　この章では，読者のみなさんに技能としての生存方法，すなわちサポートを受けること，ストレスを解消すること，マイナス思考を変えること，を伝えたいと思います。

　アンジェラの例を紹介しましょう。

> 　この10年間，アンジェラは進行性のパーキンソン病に苦しみ，脳血管障害をもつ夫のケアをしてきました。そして，やっと彼女は，ひどい緊張状態や予測される悲嘆にも上手に対応できるようになりました。彼女はパートタイムの仕事をしていたので，ハウスキーパーと臨時のホーム・ヘルスワーカーを雇って，近所の教会に所属し，自分の精神的な欲求を満たすためのプログラムを見つけることができたのです。さらに空き部屋を自分の隠れ場所に変え，月に2回，支援グループ会議に参加しています。
> 　彼女がそれまでの自分と決別して，うまく対応できるきっかけになったのは次のような考えからでした。「私は困難に対応しようと努力している。さらに状況が悪化

> することがあっても，その悪い状況の中でもベストを尽くすような強さと技術を私はもっている」。

　コーピングは，変化を管理するための積極的なアプローチです。しかし，変化とはどんな種類のものでしょうか？　それはすなわち，病気に苦しむ，事故に遭う，犯罪の犠牲者になる，解雇される，人間関係を失う（別れ）というような通常の出来事を意味します。

　人は，自分で選択したポジティブな変化（休暇，退職，結婚，昇進や達成）でさえも，極度にストレスを感じることがあります。このように，変化というのは，あなたを前進させることも，止めることもできるのです。

役立つコーピングの心構え

　スーザン・コッバサ（Suzann Kobassa）のコーピングにおける調査で「ハーディーコーパー（対応能力の高い人）」と呼ばれる人の特性が明らかになりました。特性として3C——コントロール（control），チャレンジ（challenge），責任感（commitment）——があげられます★[1]。

＊**コントロール（control）**　　コントロールは，自分で人生や問題の責任をもつという信念です。人は自分の管理の中で行動します。そして，セルフコントロールは重要な生存の特徴になります。なぜなら，あなたはもう，それ以上自分を無力な犠牲者として見る必要がなくなるからです。

　しかし，避けられない事故など，いつもコントロールできるとはかぎらない状況もあります。熟練した対応者たちは，自分に起こるハプニングに対しても責任をもつと考えられています。そして，宿命や予言の介入は二の次になるのです。

　ブレークの心構えを紹介しましょう。

> 「私は，自分の人生は運命によってコントロールされていると思いながら育ちました。"自分は人生のチェスボードの上の情けない駒ではない。今，私は自分らしさを実現するためのサインを待っているのだ"ということに気がつきました」。

　ケアからの休息のときに，次の質問を自分自身で熟考してみることをおすす

めします。「あなたはどの程度まで予言の力や個人に関係のない事柄が，あなたの人生をコントロールしていると思いますか？」と。

＊チャレンジ（challenge）　　むずかしい問題をチャレンジ（解決するための興味深い問題）としてみることは，熟練の適応者としての2つめの資質です。有能な対応者は，彼らの人生における変化は成長をうながすものとして歓迎し，安全で退屈な習慣を避けるのです。

以下は，インタビューアの1人であるノーラのコメントです。

> 「何日かは，やるべきことがあまりに多くて，自分にそれができるかわかりませんでした。でもある日，突然自分にできると確信しました」。

＊責任感（commitment）　　もしあなたが優れた対応者なら，あなたは責任感のある人です。ケアの仕事に焦点を当て，状況を受け入れています。自分がしていることは大切だと確信していて，自分の人生に対して明確なゴールがあります。オペルの見解では，責任感を次のように説明しています。

> 「母親の面倒をみるのは私の人生です。母は私に人生を与えてくれました。今の私ができる最低限のことは，母の生活をできるかぎり豊かにすることです。ちょうど今，私は，母をケアすることが私のできるいちばん重要なことだと信じています」。

変化への心構え

＊変化はごくふつうのことである　　変化を人生の一部としてとらえると，強い緊張を伴う変化に対応しやすくなります。おそらくあなたは，人生における変化が苦痛を増加させると考えていたことに気づくでしょう。特に，変化を，解決がむずかしい問題，呪われた不幸な出来事，あるいは陰謀だととらえたときに強く感じたかもしれません。

現実的にいえば，すべての生活の変化をチャレンジや歓迎すべき好機としてとらえられるわけではありません。しかしそれらを，望ましくないけどごくふつうのもの，もしくは難なく切り抜けられる侵入者としてとらえられるかもしれないのです。

インタビューア調査の1人である，アルバートは言いました。

> 「突然，母のための長期のケアに直面したとき，最初は神様が自分を罰しているのだと思いました。しばらくすると，これは年を重ねるにつれて私たちみんなに起こり得る，ごくふつうの出来事だと理解できました」。

＊**変化はチャンスをつくる**　ケアはあなたの人生に多くの変化を生み出します。あなたは問題や危機を超越して，その変化を絶好のプレゼントとしてみることができます。

　変化は時として，問題に対する斬新な反応方法，人生の新しい視点，新鮮なやり方を引き出します。このような変化による破壊は，創造の機会になるのです。そのような創造を行なうためにはまず，自分の古い思考や行動を大改造する必要があります。その結果としての混沌とした状況は，あなたにとって不快なものであり，ウィルスの侵入のように感じて抵抗したくなるかもしれません。しかしあなたは，自分の人生の大小を問わず，大改造することを選択できます。そしてそうすることが，休暇，趣味，そして学びの機会となります。変化が，退屈や行き詰まりを感じるような毎日の仕事からあなたを救い上げてくれるのです。そして，その変化に伴う不安定な状況が，成長のための新しい可能性に導いてくれるのです。料理する前の水に浸された豆のようなものだと思えばいいでしょう。なぜなら，浸された豆はまず，十分に柔らかくならなければいけませんから。

第2節　潜在する危険　—闘うか逃げるか？—

　危険を査定することは，すべての生物と共存するための基本的な生存技術です。コーピングの2人の調査人，リチャード・ラザルス（Richard Lazarus）とスーザン・フォルクスマン（Susan Folksman）は，人々が変化や危機に直面し脅かされたときに，まずその危険の度合いを査定することを発見しました。この査定技術は，その脅威がじつに危険なときに闘うか逃げるかを判断するために使われました。もし脅威が危険なものでなく単なる邪魔なものであれば，それに影響されず無視することもできます。もし，その脅威をチャレンジと判断

第1部　コーピングとサヴァイヴァル

すれば，あなたは自分のコーピングスキルを使うことを選ぶかもしれません[★2]。

この議論はきわめて理論的に感じられるので，例をあげて説明しましょう。

> 5年間ケアギヴァーをしているドナルドは，医者に咽喉ガンにかかっていると言われました。彼は，これは人生を脅かすことを意味する診断で，無視することはできないと思いました。さらに，ケアギヴァーとしての役割も脅かされるものであることを悟りました。
> そこで，熟練した対応者でいるために，彼はまずガンについて知り，健康維持のあり方や治療法の選び方について学びました。ガンを適応するためのチャレンジとして受け取ったのです。問題解決へのチャレンジは，自分にできるすべてのことをできるようになって，人生を数か月でも1年でも長く生きられるようにすることです。

第3節　支援を構築し，用いる

支援は，相手の存在に対する思いやりと気遣い，そして慈悲深いコミュニケーションと理解しようとする心構えで成り立ちます。つまり，あなたが危機状態にいるときに，あなた自身が再び他人をケアできると思えるくらいのやる気と力強さを感じられるまで，強くて頼れる誰かに寄りかかることができる，というのが支援なのです。

支援の価値

人に対して心の通った支援を与えるということは，あなた自身の心の安定，有効的な気配り，人生の満足度を保つのにも役立ちます。一方，支援を受けることも心身ともに健康であるためには欠かせません。ここでいう支援とは，あなたが親戚や友だち同僚から受ける手助けのことです。それは断続的な，時にはお節介なものかもしれません。しかし，支援がシステム化されるとネットワークになります。人間関係を促進する専門家たちがネットワークはとても重要だと力説したのは，それが変化の過程や計画にあたり人々を助けることを意味しているからです。

1つの例として，長期間にわたって療養施設に移り住んでいたあなたの患者が，その施設から家に帰ってくるときの意思決定の過程についてあげてみまし

ょう。その場合，あなたはネットワークを使って，誰か療養施設に関係がある人に連絡するかもしれません。また，自分のネットワーク内の医者や老人学者に相談することもできます。それから，自分の最良の判断と専門家の意見をもとに行動するでしょう。

支援のタイプ

＊**励まし**　感情支援はあなたの決意を実行しやすいように力づけ，励ましてくれます。ジョン・グリーンリーフ・ウィッター（John Greenleaf Whittier）の詩はそれを見事に表現しています。「もしそこに弱者がいるのなら，彼を助けるために，私に力をください」。ケアにおいて落胆するのは簡単です。ですから，家族や健康の専門家，もしくはケアを喜んでいる患者本人から，時々励ましの言葉をもらいましょう。ケアを受けている人は，そういった交流をすることによって，より強い希望や信頼，そして勇気を得ることができるのです。ケアギヴァーとケアを受ける人の双方が心地よいと感じる"支援の輪"は，「あなたはすばらしい州警察官ですね」とか「あなたがしていることは本当にすばらしい」というふうに，はっきり伝えることで促進されます。そういったコメントは「あなたも良いケアギヴァーですね」とか「私はあなたのすばらしいケアに本当に感謝しています」というふうに，患者から同じような反応が返ってくるきっかけとなります。また，親しい人からの勇気づけも励みになります。あるいは車椅子の患者に，人生の多くの時間を車椅子により制限されたにもかかわらず高い業績をあげたフランクリン・D・ルーズベルト（Franklin D. Roosevelt）元大統領について語ることも，きっと励みになるでしょう。

＊**支援的な存在**　ケアギヴァーたちは自分がまちがったことを言うんじゃないかという不安があると，感情的なサポートを申し出にくくなる場合があります。しかし，あなたの発言ではなく，あなたの存在や態度が支援となるのだということをはっきりと理解しなくてはいけません。ただ静かに，その人といっしょに座っているだけでも支援になるのです。

＊**褒め言葉をもらう**　ケアを受けている人があなたに対して励ましの言葉をかけてくれたとしたら，その親切で支援的な言葉を気持ちよく受けることが重要です。このようなわかりやすいことを強調して言うのは，ケアギヴァーの

中にはそういった褒め言葉を受け入れられず，自分はそれを受けるに値しないと自己批判している人もいるからです。もしあなたがそういった褒め言葉に対して，自己批判や否定をもって反応しているとしたら，この傾向に気づいてそれを変えることが最初のステップとなります。まずは，笑顔で「ありがとう」と言うことで反応を変えていきましょう。自然に褒め言葉を受け入れられるようになると，あなたはとても快適になれるのです。

＊**支援的なタッチングとハグ**　あなたが傷ついているときに，患者が肩に手をかけ，抱きしめてくれたらどのように感じますか？　ほとんどの場合はとても嬉しく感じられると思いますが，時には誰にも近づいてほしくないときがあります。つまり，ケアを受ける人がどのようにしてほしいかを知る必要があるのです。彼らの悲しげな目や落胆した顔を見てください。そして知るチャンスをつかみましょう。相手がどのような支援的なタッチング（触れ合い）を望むのかわからない場合は，実際に彼らに聞いてみるのもよいでしょう。もし，よく知らない人や彼らの反応が明確でないのなら，軽く肩に手を置いたり，手を握ったりして患者に近づき，あなたの支援努力が受け入れられているか，拒否されているか試してみてください。どんな場合でも，人々の境界線というものを大事にするために，慎重に道徳的に行なわなければなりません。しかし，重要なガイドラインはあなた自身の動機をよく理解することです。また時には，あなたの真心のこもった支援がまちがった解釈で受け取られる可能性があることを知ることも大切です。たとえば，タッチングにしても，あいさつ・友情・癒し・親交・力・セクシャリティ，などの異なった意志が存在します。最初の3つは道理にかなった安全で支援的な動機ですが，十分に意識して行動するよう注意しなければなりません。

支援の多文化的視点

　タッチングについての問題は，多文化知識の必要性についてのよい例です。
　状況によっては，他者に触れることは攻撃とみられる可能性があります。しかし一方で，文化によっては，もしあなたがあいさつや，社会的受諾や支援に対して触れるという行為をしなかったら，相手を怒らせてしまうのです。
　このように，支援的な行動が受け入れられるかどうかは，文化的な期待や，あなたが民族グループのメンバーかどうかや，もしくはそれが公共の場かプライベートな状況かなどによります。ここで重要な手引きとしては，どのくらい種々な文化が，親密さや，プライバシー，支援の問題を扱っているのかということを知るべきだということです。
　似たような状況が，キスについてもいえるでしょう。中東アジアのようないくつかの文化では，公共の場で男の人どうしがキスをしますが，男性と女性の間でのタッチ（触れること）は家のプライベートな場所だけに限られます。アメリカやほとんどのヨーロッパの国々では，男性は女性よりも感情を表わしません。ケアギヴァーとしては，ケアを受ける人に不快感を与える危険性のある愛情表現に満足しないためにも，このような面における違いを理解しておかなければいけません。

ケアギヴァーへの支援

　ケアギヴァー自身も，ケアを受ける人からの支援的なタッチングやハグを必要としています。夫のケアをしているジョイスは次のように語りました。

> 「夫の病気が始まって以来，私が彼をハグすると，彼は軽く私を押しのけます。私は本当にこの状態に寂しさを感じます」

　愛情深いタッチングは，ケアギヴァーとケアを受ける人の両方にとって癒しになり，活力を呼び戻してくれます。癒しとなるタッチングは，体の内なる知を解き放ってくれるのです。ヘルスケア・ワーカーたちも看護によくタッチングを使っているので，あなたもケアに用いてみるとよいかもしれません。癒しを目的としたタッチングは，通常の看護訓練になりつつあります。
　そして，あなたがくじけそうだと感じるときには，自らのコントロールを回

復するための支援を探しましょう。友だち，支援グループのメンバーを見つけて，いっしょに話をするのです。もし，それらのセルフ・ヘルプステップが十分でないなら，プロのカウンセラーに電話することをおすすめします。

支援の構築と維持のためのガイドライン

①あなたのネットワーク，つまり休暇中に訪ねる人やグリーティングカードを送る人のリストを修正しましょう。誰を加えて誰を消すべきでしょうか？ あなたから支援を受けても，少ししか返さない人はいますか？ あなたが泣いたり笑ったりできる誰か，つまり午前3時でも電話できるような特別に支援してくれる人をリストに加えるべきです。

②家族やケアを受ける人に対する励ましや感謝をどのように扱っていますか？ 彼らに感謝の気持ちを伝えていますか？ そして，あなたは自分自身を励ましたり，お疲れ様といたわったりしていますか？ まさに他人の人生に影響を与えているという認識が，ある種の自己評価にもなるのです。よく考えてみてください。そしてほめたたえましょう！ チャールズ・ディケンズ（Charles Dickens）は，こう書いています。「この世に，他の人の負担を軽くすることをして，役に立たない人など居はしない」。

③もしあなたがまだケアに慣れていない場合は，よい指導者を見つけましょう。経験のある人なら，きっとあなたにアドバイスをしてくれます。自分を快適にすること，そして社会的サービスを利用することをすすめてくれるでしょう。この場合のよい指導者は，あなたが信頼できる，そして心地よく感じる人でなければいけません。

第4節　困難とストレッサーに対応する

ケアギヴァーのストレッサー

　たぶんこれまでで，あなたはケアのストレッサーについて認識し，説明できるくらいのエキスパートになったと思います。そこで次に，大きなストレスとなるような出来事だけではなく，わけなくあなたを意気消沈させるようなふと

した口論などもうまく乗り越えるにはどうすればよいかを考えましょう。たとえば，「ケアを学ぶ会」はケアを受ける人のために個々の健康法を用意するようにと簡単に述べていましたが，これがケアギヴァーにとって最もストレスの多い仕事でした。それは肉体的に要求されることだったのですが，精神的にトラウマになりやすかったのです★3。

　新米のケアギヴァーはいくつかの危機に直面します。たとえば，家族からの要求や非難，友だちから隔離されたような感覚，自分の生活をコントロールできなくなるということや，仕事を失うという経済的緊張などはそのほんの一部でしょう。

　最も悪い場合のシナリオは，新米のケアギヴァーが患者の金きり声や暴力，徘徊や，毎日の生活援助によるケアギヴァーへの依存という行動に当惑する可能性があることです。慢性的うつ病や猜疑心などは，どちらも対応することが容易ではありません。こういった状況は圧倒されるような感覚になりがちで，少なくとも神経をすり減らします。

　あなたが自分で選ぶ種類の，刺激的で，時には喜ばしいよいストレスもあります。聴衆の前で講演をする，山を登ることは，ともにストレスがかかりますが，同時に達成の喜びを与えてくれます。またそれらは，興奮やめずらしさなど，通常の生活状況ではできないチャレンジの機会にもなります。

　ケアの日課の中で，どんな仕事がよいストレスだとみなされますか？　私たちがこれから議論するストレスの種類は，計画されたものではなく，時に打ちひしがれ，骨の折れるものです。あなたは簡単にそのサイン――動悸，汗ばむ手，速くて浅い呼吸――を認識できるでしょう。

　目に見えないのは，血管を過剰に流れるホルモン，狭くなった血管，高血圧，そして精神的な警報の増加です。古来，これらの反応は生きていくために必要なものでしたが，今は大きな機能障害とされます。なぜなら，それらは精神的，身体的によくない状態をつくるからです。脅迫的もしくは恥ずかしい場面を警告するための合図を必要とすることもありますが，ストレスの警告が長く持続する状態は，健康にとってよくはありません。

　では，あなたのケアの場面を考えてみましょう。下記のケースのどれかに当てはまりまるでしょうか？

第1部　コーピングとサヴァイヴァル

> 　クリスタは，彼女の家族である年老いた母の初期のケアギヴァーになりました。彼女は2人の子どもと働く夫の世話もしていたので，このことは彼女の役割としての突然の変化ではありませんでした。クリスタの母親は，クリスタの家への引っ越しによる軽い認知症（痴呆）と生活の変化によるショックに苦しみました。母親は自宅から連れ出されたため怒りっぽくなり，要求が多くなってクリスタを責めました。クリスタは2人の学校に通う子どもたちや夫（少しなら家庭の雑用を手伝ってくれる），教師の助手としてフルタイムの仕事，そして今は母親のケアというさらなる要求の間で捕らえられているような気分になっていました。4人の家族が順番に母親の面倒をみていますが，おもな負担はクリスタにかかってきます。2人の少しの収入と家族の多い支出によって財政的にはかろうじて生活しています。2週間後，クリスタはプレッシャーを感じ始めました。彼女はどれくらい長くケアを続けられるか確信がないと言いました。彼女は頭痛や寝不足による疲労を経験し始めたのです。

　もし，あなたがクリスタへの助言者だとしたら，どういうふうにアドバイスしますか？

> 　ジョアンナは2週間前に街へ引っ越しました。彼女は以前住んでいたところで長い間ケアしてきた，彼女の年老いた父親を連れてきました。父親を自分の近くにおき，いっしょに住むことでケアの費用を減らしたかったのです。彼女は父親をフルタイムでケアするため，しばらくの間はもう仕事を探せないだろうと思いました。最初の週，ケアがスムーズに行なわれた一方で，全体的に骨の折れる仕事が負担となり始めました。つまり，新しい医者や，資金移動を手伝ってくれる不動産の弁護士を探すこと，買い物，車の修理，クリーニング屋を探すことなどがたいへんだったのです。車が止まって動かなくなったり，歯の治療が必要となったり，2つの約束があった日に車の鍵を紛失してしまったりもしました。
> 　彼女や父親にとって引っ越しによるストレスは難なく処理されましたが，新しい場所に定着していく作業と，最初の2週間でうまくいかなかったことが重なって，彼女は激しくストレスを感じました。彼女には睡眠や摂食障害が出始め，短気になり，父親に対して怒りっぽくなり，書類・鍵・洋服・約束をよく忘れるようになりました。骨の折れる仕事は，彼女が対処できるスピード以上の速さで蓄積していったのです。

　もしあなたが彼女の指導者だとしたら，彼女がすべきことは何だと言いますか？

> リールは、つい最近まで十分に自分のことをできていた高齢の父親のケアをしています。2人は非常に仲がよく、リールはケアギヴァーとしての役割を除いて、たいへん満足していました。しかし、もし父親が今よりも重度のケアを必要とするようになったら、仕事を続けるべきかどうか悩んでいます。
> リールは仕事で上司とうまくいってないため、かなりのストレスを抱えていました。上司とは境界線を越えて常に闘争をしていたのです。リールはほとんど毎晩、緊張し疲れて家に帰ってきました。

ケアギヴァーとしての役割をきちんとやりたいと思うのですが、仕事のプレッシャーによってストレスを感じているリールに、あなたはどんなアドバイスをしてあげることができますか？

ストレス解消法

ストレス解消法を成功させるためには、3つの方法があります。最初の方法は、介護生活の状況を変えることです。これは、クリスタの悩みの種となっている、介護、家族、仕事の影響力が競合しているような場合にあてはまります。たとえば、クリスタはもっと家族の手助けを得たり、彼女の責任感を減らすことができるのです。2つめのアプローチは、ジョアンナの生活のようにケアをする責任の範囲を変えることです。そして、リールによって例証される3つめのアプローチは、自分自身を変えることです。リールのストレスはおもに彼の仕事の衝突からくるものです。彼は敬意を払うことについてもっと注意し、上司とのコミュニケーションをよりよくして働くことを決心することができるのです。

あなた自身を変えるという3つめの戦略は、健康を害することなく、より高いストレスレベルに耐えられるだけの強い対応技能を身につけるということです。これはよい防止戦略で、専門家のドナルド・メイチェンバーム（Donald Meichenbaum）がストレス予防★4と呼んだものです。あなたがこれを成し遂げるにあたって、次のガイドラインや提案が役立つでしょう。

休日をうまく過ごす

休日は、家族にとって特にストレスが多くなります。

ストレスに関する専門家のアレン・エルキン（Allen Elkin）は,「主要な休日を過ごすときに43％の人が,落胆し,心配し,激しく混乱しきってしまう」と言っています[★5]。休日中のあなたのケアの義務は,だいたい2つのストレスに影響されるでしょう。

　1つめは,いつもと違う休日のイベント──買い物,食事の用意,プレゼントのラッピングや,友だちや親戚をもてなすこと──への反応です。家庭に広まるウキウキした騒々しさは少なくともストレスの半分を占めます。

　2つめのおもなストレスの原因は,想い出や未解決なままの感情的な家族の問題です。家族を失った想い出や,過去の楽しい出来事を思い出して悲しくなることもあります。記念日は特にむずかしいものです。その他の原因は,ありそうもない贈り物を期待したり,くだらないことや陽気に満ちた休日を期待したりするといった非現実的な期待感です。休日は,時として楽しくない時間なのです。

休日のストレス解消法
①気違いじみた行動における不条理を理解し,それを笑い飛ばしましょう。
②現実可能だと思うことはやってみましょう。
③悲しい想い出をもっている親戚を支えましょう。
④考えすぎは避けて,簡単な計画を立て,贈り物は早めに買って包みましょう。
⑤イベントの前に,古い感情は葬りましょう。
⑥会合やパーティーは少人数におさえましょう。

一般的なストレス解消法
　これは,燃え尽き症候群を防ぐための前章におけるリストについての補足となります。
①自分が,ストレスでいっぱいの状況にどう反応するかを確認しましょう。あなたは通常,悩みや,骨の折れる仕事,完全でない仕事,デッドライン,そして批判に対してどのように反応しますか？　また,あなたの体の中で,ストレスに耐えているときに傷つきやすい部分はどこですか（胃,心臓,肺,筋肉,頭）？

②安らぐ方法を学びましょう。呼吸に集中するなど，あなたが今気に入っている方法を強化しましょう。進歩的な安らぎの方法を通して，大きな筋肉組織をリラックスさせることは簡単で，緊張を減らすのに効果的です★6。ストレスの思い出は筋肉を緊張させます。安らぎの運動はあなたの解決策なのです。目標は自分自身に「リラックス！」と言っていつでも安らげるようにすることです。また，安らぎを促進してくれるテープを手に入れ，いつもベッドのそばに置いておきましょう。疲れきって緊張状態が続いた日は，早く眠りにつけるようにテープを聞きましょう。リラクゼーション効果のあるテープの音は，気持ちを落ち着かせ，和らげてくれます。それらを聞くことで，色とりどりの夕日や暖かいビーチを連想したり想像することができます。

③心像は，緊張をほぐすために想像力を使います。安らぎの状態に体があるように映像化することに加えて，柔らかい布やゼラチンボールのように自分自身をイメージすることができます。楽しく平和で安らぎがあって遊べる場所へ，想像の旅をすることができます。たとえば，お気に入りのビーチに行くことができたり，暖かい陽射しを肌に感じ，体に心地よく当たる優しい風を感じることができるのです。

④即座に自分の思考を止めることを練習しましょう。「ストップ！」と自分自身に言い聞かせます。何回かの練習のあとには，思考回路を止めてあなたの体を安らいだ状態に置くことに集中することができるようになります。緊張した筋肉は，張り詰めた考えや心配な気持ちを反映します。ですから，問題のある考え方から抜け出しましょう。

⑤心から元気よく笑いましょう。ストレスの痛みを感じなくてすむようになります。この本のうしろの章に書かれているユーモアの章のガイドラインに従ってください。やつれた笑顔を追い払いましょう。すぐに仕事をするためには，お腹を抱えるほどの笑いが本当に必要なのです。

⑥あなたが落ち込んでしまうかもしれない時間の罠——他人にあなたの優先事や時間の調整をあてがったり，自分自身を犠牲者やドアマットのように見たりすること——に注意しましょう。あなたの人生をコントロールすることについて述べたことを思い出してください。自分で自分の時間や人生をコントロールすることを取り戻してください。もしかしたらあなたは，時間管理の個人スタイルが亀やウサギや競走馬に似ているかどうかを断言するために，精神調査をする必要があるかもしれません。時間管理が自己管理の基本になっていることを思い出すのは重要なことです。

⑦時間のプレッシャーについて自分自身に与えているメッセージを調べましょう。そして，遅すぎないうちにそれらを変えましょう。例としては，「私は本を読んだり，ピアノを弾いたりする前に，仕事を終わらせなければなりません」「私は，いつも助けの要求に応えなければなりません」「時間は大切です。だから私はいつでも注意深く時間を使わなければなりません」「自分自身のことをはじめに考えるのは利己的です」などです。ケアギヴァーの経験がある人は，これらの例をメシアの罠——誰もが完璧と無欲の必要性に応じようとする神を演じる傾向——の一部分だと呼びます。

⑧孤独と熟慮と沈思のための時間をとりましょう。そうすることが，あなたの深い感情に触れることや，人生の展望を得るうえで必要です。

⑨危機を避けるために，前もってすべきことを考えましょう。たとえば，友だちや近所の人と電話番号を交換すること，緊急事態や社会サービスの番号がすぐに利用できるようにすること，遺言，信託財産，銀行の預金口座を確認すること，特別な車や家の鍵を守ることなどです。

第5節　否定的思考を変える

否定的思考を自覚する

　毎日，自分自身と内面の会話を行ないましょう（あまり話せる人がいない場合には特に必要なことです）。そうすることが，自分自身の否定的で自己挫折的で機能障害的な面を建設的な思考に変えるコーピングスキルの基礎となります。

まずは自分が，思考や感情をはじめとした自分の行動を変えることができるということを知りましょう。そして，自分が思考や行動を超えた巨大な力をもてるということも信じましょう。さあ，いよいよあなたは否定的な思考を変えるというコーピングスキルを体験する準備ができました。

否定的思考に気づき始める

ステップ１：最初のステップは，自分がもつ否定的な思考が自分の最高の介護努力を挫折させ，思考を妨げていることに気づくことです。

ステップ２：そうすると，自分に与えている自己挫折のメッセージが認識しやすくなります。あるツイていない日に自分に対してこういうかもしれません。「自分にはもうこの仕事はできない。イライラする。私は本当にケアギヴァーとして適していない」。

あなたは世界でいちばんのケアギヴァーではないかもしれませんが，おそらくあなたが自分で思うほど悪くはないのです。あなたが自己の状態をはっきり認識しないと，それは表に出ないまま隠れてしまいます。ですから自分自身に問いかけましょう。「私は何を自分自身に言いたいの？」「ケアにおいて，何が自分を混乱させているの？」と。もう１つの例では，あなたが支援グループに行くことが不安だとします。その場合は，「私はこのミーティングで自分自身の何を話すのだろう？」「それが自分を不安にさせるのだろうか？」と考えましょう。他の例では，あなたが患者に時間通りに薬をあげるのを忘れたときに，「薬の時間を忘れるということは，自分はケアを受ける人に対してどういう感情をもっているのだろうか？」と考えます。時々，忘れてしまうという行為は，ケアが嫌だからだとか，ケアをしている人のことが嫌いだからだというふうに考えてしまいがちなので，注意しましょう。

自問自答する（セルフトークを評価する）

あなたの頭の中に流れるメッセージをはっきり認識することで，セルフトークのゆがみを吟味することができます。このねじくれたセルフメッセージが，あなた自身やまわりの人々をみじめで悲しく懲罰的に感じるように根付かせているのです。今こそこれらの思考と向き合って，訂正しなければなりません。

うつ状態にある人の極端な思考の例です。「自分はダメな人間だ。何もできないし，希望もない」。このような評価の段階において，いくつかの質問が浮かぶでしょう。

- 私は，ほとんどあるいはまったくの証拠もないような結論を下していないだろうか？
  ——もしあなたが自分は何もできないというのであれば，自分ができること，よくできたことを思い出してください。
- 感情，問題，思考について，自分は誇張したことがあっただろうか？
  ——あなたは極端な判断をするよくない人間なのですか？ あなたは好ましくない部分をもっているかもしれないけど，自分で現実をゆがめ悪い人間だと思っているだけで，それらを補うだけの特性があるのです。
- 私は状況を単純化しすぎていないだろうか？ よい・悪い，成功・失敗，正しい・正しくない（間違っている）というようなすべてのものにはその中間があるのに，状況を単純化して絶対的で厳格な考え方をしていないだろうか？
  ——もしあなたが「私はケアギヴァーとして失敗した」というのなら，それは，おそらくあなたが成功か，失敗かという2つのカテゴリーだけを基準に厳しく判断したといえます。否定的な自分の評価において，失敗したというようなことは，簡単に言えてしまうのです。
- 過去の結果のたった1つや2つの例を用いてものごとを標準化しすぎたことはないだろうか？
  ——あなたは自分の人生を「本当に破滅的」で何もいいことがなかったというかもしれません。ものごとがうまくいっていないとき（たとえば，犬がカーペット中に泥をつけて，猫が2回吐くというようなとき），2つの例の反応が選択可能だということを知っていますか？ 確かにこれらは喜ばしい出来事ではありませんが，過去の例からの非常に限定的な結果です。とにかく，「～ねばならない」「いつも」「～できない」「～すべき」というような言葉には十分注意しなければなりません。

一般的な自己挫折的会話の例

　どんな文化にも，精神的な苦痛の結果による，非論理的で，かたよった，非論理的思考のリストがあります。ケアギヴァーは他の人と比べて影響されやすいので，あなたの思考を調査するために，次のリスト（アルバート・エリスとM. E. バーナード[★7]）を参考にすることをおすすめします。これらは，西ヨーロッパの伝統で，通常はあまり口には出されないいくつかの信念です。

- 人はすべての人から愛され，認められる必要がある。
- 明らかに悪い，不正な，暴力的な行動は罰せられるべきだ。
- 自分が思うようにことが進まないのは，ひどい大災害的な出来事だ。
- 不幸の原因は外的な出来事にある。
- 自分よりも強く頼れる誰かが必要である。
- できるだけすべての領域において，有能で，適切で，熟練している必要がある。
- 過去に強く私たちに影響を与えたものは，いつまでも影響を与える。
- 他人を自分の思うように変えることは大切である。
- 人間はほとんど感情をコントロールできない。
- 行動しなければ何も手に入らない。
- 自分を必要とする人すべてを助けなければならない。
- もしリクエストを断ると，人からひどい人だと思われる。
- もっともむずかしいことに挑戦しなくてはならない。

　あなたはこれらの信念のいくつに賛成できますか？　これらのリストでバカバカしく非論理的だと思うものはありますか？　あなたならどのようにそれを変えますか？　このリスト以外でも，あなたは非論理的な思考をもっていますか？

自分との会話を再構築する

　自己文章記述によって，まちがった思い込みによる傷を識別し，それらの信念を変える方法を見つけることができます。そこで，次に必要となる技能は，

否定的な状態を吟味し，どのようにすれば自分はこの否定的な記述を現実的で肯定的な記述に置き換えられるか，と問いかけることです。すべてのことを，自己批判的なものから非常に楽天的で高揚的な要因に展開することは楽しいものです。たとえば，私は非常に好かれる人間である，と考えてみましょう。そうすることによって，おおいに報われるはずです。しかし，今まで否定的思考を身につけることに人生を使っていたために，1回の試みではなかなか変われないかもしれません。

最初のうちのケアギヴァーの自己文章記述例では，どのようにこの否定的な自己評価を肯定的なものに置き換えるか，と考える必要があります。この変化を実現させるためには肯定的なことを書き，それらを自分に繰り返し言い聞かせる必要があります。

たとえば，次のように言えるかもしれません。「ケアは厳しい任務で，自分が好きでない部分もある，それでもケアは，社会に奉仕する機会だとわかっている」。もう1つの例は，「私は歳をとっているから，かつてのようなきちんとした仕事に就けるとは思わない」と思う代わりに，「私はトゥルース・コミュニティカレッジ（Toulouse Community College）で臨地実習（看護実習）を終えたとき，もっとよい仕事を見つけられる」と思う，というふうになります。

あなたの思考を再構築するこの方法はむずかしいものではありません。ただ練習が必要なだけです。そして，この思考変化の究極のゴールは，あなたの行動を変えることです。もしあなたがしっかりと自己肯定の思考を確信できれば，もっと自信をもって行動できるでしょう。それはとても簡単なことなのです。

思考を変えるガイドライン

以下のような「認知生態学（Cognitive Ecology）」を定期的に練習しましょう★8。毎週10分間だけ，あなたが1週間に書いたすべての自滅的で否定的な状況を振り返るための時間をとり，それらに情を入れることなく根絶します。慎重にそれらを分析し，自問自答しながら前記にリスト化した基準を応用します。たとえば，あなたの望むようにまわりの人が行動してくれないことに対して腹が立ちましたか？　あなたは彼らを変えようと努力しましたか？　この1週間ずっと幸せだったと思いますか？　まわりの人があなたを不幸にしていると思

いますか？「〜すべきだ」という言葉をしばしば使いましたか？　自分の力を過小評価して，弱点についてくよくよ考えましたか？　未来について悪い予測を立てましたか？　これらの否定的な状態をもっと肯定的で前向きな形に書き換え，非合理的なセルフトークを変えるのです。

しかし，「なぜ，私はこのように考えるのだろう？」というような"なぜ"がつく質問は避けましょう。このような質問は，思考を行き詰まらせてフラストレーションを溜める原因になってしまいます。その代わりに，「私は，自分自身に対して混乱させるような何を言っているのだろう？　どうすればそれを変えられるだろう？」と問いかけてみるのです。

第6節　ようこそ，名誉ある対応力の高い人の領域へ

熟練した対応力をもつ人は，自分の人生をコントロールし，問題をチャンスととらえ，ケアを人生の道筋ととらえる人だと定義しました。優れたケアギヴァーは，人格変容の熟練者なのです。彼らは変化を，人間としての成長の機会だと歓迎します。また，熟練した対応力をもつ人は，サポートネットワークをつくることや困難を避けること，ストレスを減少することにより，心理的な危険から身を守ることができるのです。

もしあなたがこの本を読むことによって，13のケアギヴァーのセルフヘルプ生存技術や心構えをうまく適用できれば，あなたは名誉ある対応力の高いケアギヴァーの領域に達することができます。きっと，大きな愛のご褒美や健康維持，エネルギーについて理解できるようになるでしょう。そして，ケアという仕事をやり遂げることで深い満足感を経験することになります。これから始まるあなたの旅が，よいものでありますように。

この章では，コーピングのためのセルフヘルプに焦点を当てました。次の章では，あなたのユーモアや精神的な内面の財産を覗くことにしましょう。

第1部　コーピングとサヴァイヴァル

引用文献

1. Suzann Kobassa, "Stressful Life Events, Personality, and Health," *Journal of Personality and Social Psychology* 37(1979): 1-11.
2. Richard Lazarus and Susan Folkman, *Stress, and Appraisal, and Coping* (New York: Springer, 1984).
3. Rosalynn Carter, *Helping Yourself Help Others* (New York: Times, 1994). (The Carter Institute sponsored and conducted the CareNet study "Caregivers and Caregiving in West Central Georgia," 1996).
4. Donald Meichenbaum, *Stress Inoculation Training* (Elmsford, NY: Pergamon, 1985).
5. Allen Elkin, "*Holiday Stress*," Fox TV Broadcast, December 5, 1996.
6. Lawrence Brammer, *How to Cope with Life Transitions: The Challenge of Personal Change* (New York: Hemisphere, 1991). (See chapter on relaxation methods.)
7. Albert Ellis and M.E. Bernard (eds.), *Clinical Application of Rational-Emotive Therapy* (New York: Plenum, 1985).
8. Donald Meichenbaum, *Cognitive Behavior Modification* (New York: Plenum, 1977).

第2部
あなたがもっている資質を知る

第3章　あなたがもてる力を知る

神よ，私にユーモアのセンスをお与えください。
ジョークがわかるような思いやりをお与えください。
生きる喜びを得られますように。
それをまわりの人々と分かちあえますように。
　　　　　　　　　アレックス・マクレオド著，シアトルタイムズ

　ケアギヴァーには，おもに深い志と陽気なユーモアのセンスを含む，強いサービス精神が必要です。それは，あなた自身の深い井戸から涌き出る泉であり，機会を得ることによってあなたのケアにさらなるエネルギー，目的，そして方向性を与えます。精神的意識とユーモアは，すばらしい幸福の認識をも導き出します。

第1節　精神的資質

精神性とは何か？

　精神とは文字通り"生命"や"呼吸"という意味であり，その点では誰もが精神的だといえます。そして，そのことは私たち皆が直面する大きな人生の疑問とも関係します。しかし私たちは，それぞれ精神に関する異なる考え方をしているため，それを定義することはむずかしくなってしまいます。そこで私たちは，あなたの精神的生活に関する考え方を明確にし，広げるための挑戦としてのアイデアを紹介したいと思います。

　著名な人類学者のジョセフ・キャンベル（Joseph Campbell）は，精神性の挑戦は満足に人生を生きることであると主張しました[★1]。そこで，人生の大きな疑問を明確にし，人生を満足に生きることとはどういうことかという，いくつかの精神性の要素を述べましょう。たとえば，精神的であることは「なぜこ

こにいるの？」「人生を，意味のある価値のあるものにするものは何か？」「あなたに目的や希望を与えているものは何か？」「苦しみが意味するものは何か？」「「善悪はどこからくるのか？」「人々は社会の中でどのようにお互いに関係すればよいのか？」「あなたにとってきわめて重要なことは何か？」「どんな信念や神話があなたを元気づけるか？」という疑問を生じさせます。そして最後に，主体性に関する大きな疑問は「あなたは誰？」ということです。

精神性の要素

　先にあげた疑問の答えはあなたの精神性を定義し，あなたの"精神"を納めてある"箱"を提供します。その答えは，あなた個人の意味，目的，道徳や倫理，意図的な社会，基本信念，真の価値観や主体性を表わしています。そして，そこに，あなたの独特な存在意識を定義するものがあります。この，あなたの精神的なものというのは言葉では言い表わせません。それは，あいまいで神秘的な感覚（魂の根源にある感情）なのです。幸運な人は，特別なときにこの神秘を垣間見ることができます。こういった感覚を自覚できるのは，たとえば夕日を見ているとき，恋しているとき，祈りをしているとき，宗教で感動をおぼえるとき，命を授かるとき，交響曲を聴いているとき，スポーツをしているときや子どもを抱いているときなど，予測できない瞬間にやってきます。

　もし，前述の精神的経験を強烈に感じたとしたら，それはアブラハム・マズロー（Abraham Maslow）の言葉で言う「最高の経験」となるでしょう[2]。こういった経験は，時に喜び，調和，平和，不思議，達成の感情を伴った最高の出来事になるのです。このような非日常的な出来事の例として，芸術作品を創造したり，変形の宗教的経験をもったり，興奮するゲームをしたり，ふだんと違う自然美──夕暮れだったり，山だったり，海の波──と親しむことなどがあげられます。このような最高の経験は，精神生活の大事な部分です。こういった経験から活力が流れ出し，そしてそれらの経験が，畏敬，絆，強烈な自己認識，そして神への親密さの感覚を生み出すのです。忙しいケアギヴァーでも，最高の経験を得るために，せめて輝いた星・水面のきらめく月光・落ち葉や小さい子どもが楽しそうに遊ぶのを見る時間は引き出すことができるのではないでしょうか。

第2節　精神的であることの意味

　精神的な側面はケアギヴァーにとってとても重要です。なぜ人生のこのときに「あなたはこのケアをしているの？」という質問が時々現われてくるでしょう。このことはたぶん，あなたがそのように考える動機への非難を恐れて，めったに他人に表現されるものではありません。ケアギヴァーの大部分は，この質問に対して自分自身に次のように言い聞かせることによって答えます。「こうすべきものなのです。私はそれをする責任のある人間なのです。だから，たいした問題ではありません」と。この"なぜ"の疑問の答えは，ケアギヴァーの現在の生活を，理解したり，目的をもつための助けになっています。また，"すべきことがある"の答えは，人生の意味の鍵を提供してくれます。ケアギヴァーの1人，ウィリアムは言いました。

> 「後悔や罪悪感ではなく，快く父を介護することが私にとって重要です」。

　もしあなたにとって，この精神的であることに関する論議が混乱させるものであったり，もしくは基本的な動機づけの疑問に対する答えが明瞭でないとしたら，信頼できる友人やカウンセラーといっしょにこの問題について論議したほうがよいでしょう。たとえばあなたが，ケアの仕事を不本意ながら負わされているものと考え続けたり，あなたの仕事を無意味で過酷で面倒なつまらないことと感じてしまうと，精神的に健康ではありません。

　あなたはたぶん，ここに私たちと同じように精神的罠を感じるでしょう。まったく抽象的な描写の方法で，人生の疑問に関する意味を扱いたいという誘惑があります。そして，それとは対照的に，重要な疑問は「意味を与えている暮らしの毎日の経験とは何か」ということです。それはたとえば，食べることや，働くこと，料理すること，掃除することや体をいたわることの意味を知ることなのです。

　そういった人生の中の意味のあることというのは，もちろんあなたの人生の経験からも発見されなければなりません。意味のあることというのは，本や，カリスマ的指導者，セラピスト，精神的なアドバイザーからだけでは見いだせ

ないのです。たとえそれらが魅力的に見えたとしても，です。この警告は，あなたが宗教的な組織や非日常的な洞察力に満ちたカリスマ的な魅力をもつ個人によって意義と目的を探し出すことに，けっして反対することが目的ではないということをわかってください。

意味があることに対してのガイドライン

＊瞑想の精神的訓練を学ぶ　　たとえば，仏教的な伝統におけるその目的は，身体のくつろぎ，心の平和，そして現世のケアや過程を考えることからの一時的な解放を達成することです。そのゴールは悟りという状態に達することであり，そしてそのとき，人生の意味が努力なしで明らかになるときです。瞑想の過程はシンプルで神秘的ではなく，自然な呼吸に集中します。

①静かな場所を選ぶ。
②心地よく座れる位置を選ぶ。
③自分の呼吸に集中し，息を吸ったり
　吐いたりすることを感じる。
④集中を促し，邪念を遮断するために
　無意味な言葉をやさしく声にだす。
⑤この過程を，少なくとも１日１回，
　10〜15分練習する。

　あなたはすぐに，時間瞑想にふける過程が，やすらいだり，ケアから一時的な小休止を得るのに有益なことだとわかるでしょう。人によっては，祈りは瞑想のかたちです。禅宗の仏教徒，キリスト教徒そしてユダヤ教の伝統のように，瞑想は精神的な練習として使われ，それは争いの放棄を促進したり，文化的な装いの層を剥いだり，現世の願望を減らしたりします。いったんこの瞑想の状態になると，沈思や祈願のようなもっと複雑な訓練を組み入れやすくなります。さらに，深い自然な呼吸をすることを１日のうちに少しの時間でも取

り入れることは，緊張から一時的に開放されるための効果的な方法です。

＊**瞑想の精神的訓練を練習する**　これは，祭壇や十字架，デビットの星，花，特別な珠，仏教やキリストの像，大聖堂の薔薇の窓のような，宗教的な象徴や対象物への強烈な集中状態を含みます。そうすると，アイデアや，幻影もしくはイメージが現われ出てきます。瞑想の練習は古代に起源をもち，宗教的な伝統の重要な部分になっています。瞑想状態の中で，その焦点は神の存在や聖書の一節，精神的なしきたりにあるかもしれません。それ自体が1つの精神的経験ある一方で，現われる意味そのものが毎日の暮らしのガイドとして役立つということも期待できます。すべての人と自然の中に存在している神に対する意識というものが，いかにすべての生活の選択に影響するかということです。

次に，ユダヤ－キリスト教，イスラム教，仏教やヒンドゥ教の主流が元になっていない家族における精神的なものについて勉強しましょう。見本はアメリカの原住民，インド大陸の異なった民族，古代のゾロアスター教徒，バーハイ教やケルト族のグループです。きっと，これらの伝統からも，あなたの精神的な考えや習慣を豊かにするものが学べると思います。

第3節　道徳と倫理

＊**道徳**　精神的であることの側面は，ケアギヴァーにとって非常に興味のあることです。なぜなら，道徳や倫理が，あなたの毎日のケアに関するすべての決心を導くからです。あなたの道徳は，あなたの家庭のしつけや公共の慣習を家族から引き継いだものであり，個人的なふるまいに関する規則です。モーゼの十戒やコーランの教えのようなものは，慣例上成文化され，整然と教えられました。道徳的原理を導く明らかな例としては，誠実，清廉，正義，穏健そして純潔があげられます。そして，ケアギヴァーはケアを受ける人にとって，ケアギヴァーの公平とは何か，義務はなんであるかを絶えず判断しています。

あなたのケアを受けている人が不公平な要求をしたり，執念深かったり，まちがった非難をするとき，あなたはどのように対応すべきでしょう？　そんなときには，つい罰を与えたい気持ちになりがちですが，道徳の確信や愛情がこ

れを抑えてくれます。私たちの道徳性は，財政的，感情的，身体的に頼っている人に不公平な取り扱いをすることを思いとどまらせてくれるのです。

＊倫理　　倫理は正確な行動指針の形式をとった，洗練された社会道徳です。ケアギヴァーにとっての例としては，他人との秘密の会話を公言したり，ケアしている人に性的嫌がらせをしたり，虐待したりすることが非倫理的と考えられます。倫理の指針によって，私たちは何をしてはならないかだけでなく，何をすべきかも気づくことができます。たとえば，可能なかぎり最もよいケアを与えることは，ケアギヴァーにとって倫理的にとても重大で不可欠なことです。ケアを受ける人に影響することを決める際，その本人にも参加してもらうことは倫理的行動のよい例でしょう。独立心をもつことや自己主張できるように励ますことは，ケアの根底にある１つの倫理的原則なのです。

行動に関するガイドライン

①もしあなたが，患者から無作法で道徳に反する行為だと非難されそうだとしたら，何を言われ，何をされたか，それに対してあなたはどのような反応をしたか，そしてその日時，証人，出来事の状況を刻銘な記録に残してください。また，特別な場面における出来事の解釈も書いたらよいかもしれません。あなたの行動を導くような倫理的原理や動機も含めて書きましょう。この段階を踏むことは，攻撃的で偏執狂な（疑い深く非難する）患者に対しては，特に重要なことです。こうすることが，あなたに心の安らぎを与えること，責任あるケアギヴァーとしての姿を守ること，そしてもしあなたが不適切な行為を告発されたときにあなたが強く法的に守られることという目標へとつながるのです。

②もしあなたが，ケアの手順について疑惑や倫理的疑問をもつのであれば，長期にわたる介護施設や病院，もしくは大学の福祉学科の専門家に意見を求めましょう。ケアを行なっている友だちに相談するのもよいでしょう。そして，あなたが考えた判断と結びつけられた意見を指針としてもつのです。

第4節 社会への所属

　精神的であることには，社会に所属しているということも含みます。
　コミュニティというのは，共通の目的や価値によって結びつけられた人々の集団であり，互いの幸福に対して責任をとります。
　そして，愛はいっしょにコミュニティを形成する接着剤となります。すなわち，すべてのメンバーの幸福に対する責任に加えて，自分本位ではない，無批判の受け入れによって特徴づけられるものです。
　コミュニティには，広範囲の家族，近所の人たち，村，宗教の集まりや，真実を探すことや相互的な支援を与えることに責任をもつというような共通の価値をもった，見ず知らずの人たちの集まりなどがあります。
　また，コミュニティは，世界的な感覚にもつながります。なぜなら私たちは，共通する生存の必要性によって結びつけられた1つの人類だからです。
　そしてコミュニティは，継続性と人生の歴史的な重要性を提供します。たとえば年をとった人たちの最も大きな関心事の1つは，自分は死ぬと忘れられてしまうだろうということです。この心配を減らすには患者だけでなく，あなた自身が貢献したことを覚えていることではないでしょうか？　そしてそうすることが，あなたにとっても近所の人とのコミュニティの源となるでしょう。この精神的なコミュニティの重要性がケアギヴァーとしてのあなたに意味することは，あなたが，あなたの主体性や支援を提供しているグループに今も所属していて，ケアギヴァーとしての仕事を終えたら，この意義味深い重要なグループにまた戻れるんだと確信できるということです。

共同社会のためのガイドライン

①もし書くことが楽しめるなら，ケア日誌をつけてください。なぜなら，ケア日誌はあなたにケアギヴァーを継続する気持ちを与えたり，ケアする喜びの記録となり，感動的な満足も与えてくれるからです。
②あなたの地域のコミュニティとのつながりを大事にしてください。
　ケアギヴァーの役割の中で，孤独の最も痛ましい結果の1つは，寂しさや自

暴自棄の感情です。そういった感情が起こったときには，宗教的なコミュニティに手を差しのべてみてください。
③もしあなたが所属していなければ，探してみてください。たいていの教会には，孤独なケアギヴァーのために十分な情熱的支援を提供してくれる福祉を広めている聖職者がいるはずです。もしくは，支援グループに参加してください。あなたのケアの中での認知症（痴呆症），発作，パーキンソン病やガン患者のために特別に必要なことを満たしてくれるグループを見つけることができるはずです。

第5節　価値観

　人がどのような価値観をもっているのかを知りたければ，最も簡単な方法は「あなたは何を大切にしていますか？」「誰があなたにとって大切で，それはなぜですか？」と尋ねてみることです。価値観には，あなたの人生を導く格言が含まれています。たとえば，誰かがあなたを傷つけたときには，「すべての恨み，復讐，そして怒りを出さずにしまい込みましょう」「一方の頬を打たれたら，もう一方の頬をもさし向けなさい」という聖書の教えを思い出します。また，家族の伝統や読書から得たものも価値観の手引きとして役に立ちます。たとえば，「人生はいいことずくめです」「苦しみは徳の高い人格を形成します」「快活な心は神からの贈り物です」「人類の胸中には果てしなく希望がわきあがってくるものです」「すべてのことにおいて，毎日私はよくなっていくのです」などです。
　また一方では，「あなたが打ち負かされる前に，相手を打ち負かすべきです」ということわざのように反対の価値観もあります。しかし，この価値観は正反対のこともいえるのです。つまり「まずは他人の幸福を探し求めなさい。彼や彼女を許しなさい。あなたの要求はわきへ置きなさい」というふうに。あなたはどうやって，人生における自分自身の利益と他人の幸福との間の対立を処理したらいいと思いますか？

サービス精神

　ケアギヴァーにとって求められる最も大きい精神的なことの1つは，他人へのサービス精神の意義と価値を確信することです。患者に奉仕することは，私たちの人生の中で最も深い精神活動の現われです。それは私たちを閉ざすというよりも，むしろ開いてくれます。奉仕は，物質的もしくは何かを達成するという成功の定義を越えた毎日の満足と人生の根本的な成就となりうるのです。

　アフリカのジャングルでの治療に尽くした，偉大な人道主義者であるアルベルト・シュバイツァー（Albert Schweitzer）は「唯一本当に幸せな人々は，サービスの仕方を探し発見した人々なのです」と言っています。イスラム教の教祖であるマホメット・ムハマド（Muhammad）も，「人間にとって最も豊かなことは，世の中でその人がした良いことだ」と言いました。奉仕は世界全体の癒しを1つずつ積みあげる癒しパワーを生みます。奉仕について，あなたの価値観はどのようなものですか？

愛

　愛はすべてのケアサービスの基礎となる，基本的な価値観です。愛は言葉で定義することはむずかしいけれども，欠かすことのできない人類の経験として，すべての人間によって認識されている最も大切な人間感情の1つです。愛は愛を失ったときに，いちばんよくわかります。この重要な話題に対して，いとも簡単に結論を出すことはできません。しかし愛の意味についての考えを刺激するために，他の意見もいくつか紹介することにしましょう。

- ・愛は最大の思いやりです。
- ・愛は恐れを遠ざけます。
- ・愛は神の表現です。
- ・愛は無条件です。
- ・愛は私たちの唯一の現実です。
- ・愛は私たち自身や他人に関するよい感情です。
- ・愛は内なる平和のための基礎となります。
- ・愛は人生の血であり，別れていた人々を結びつけます。

- 母性愛はいちばん最初に教わるものです。
- 成熟した愛とは，愛するがゆえに愛されるというものです。
- 愛は分かれていたものを結ぶ架け橋となります。

愛という言葉は，ふつうは好んでする仕事やきょうだい愛という言い方のように利己的でない動機づけ，他人に対するケアサービスを描写するために使われます。ケアギヴァーとしてのあなたの役割の中で，個人的に愛は何を意味しますか？　あなたは，ケアを受ける人を愛すると同時に，あなたの人生に義務を負わす彼や彼女に腹をたてることができると考えますか？　ケアを受ける人に対して同時に起こる，愛と憤りの感情に気がついていますか？　ケアギヴァーは，そのような入り交ざった感情をよく経験するのです。

価値観を使うためのガイドライン

① 「デコボコした道を進むときには，たとえ苦労しても職務が終わるまで進み続けることが大切だ」「すべては無駄ではないという考え方で育った」「清潔は敬神に次ぐ美徳という昔の格言を覚えている」「幸せはあなたのものの見方によるものであって，実際に起こっていることによるのではない」というように，家族に対する精神的な遺産として残る，あなたの人生を導いてくれるようなすばらしい言葉があります。ユダヤ人の文化には，道徳上の意思として子孫のために残された価値のある意見を集めたものがあります。ケアギヴァーがこのような習慣に従うならば，こういった意思にはあなたがケアしている人に伝えたいと思う，あなたの最も好ましい願いや祝福の言葉が含まれるでしょう。このような遺産によってあなたは，あなたの人生を共有したり，どのように覚えていてほしいかを明確に述べる決意を強くすることができます。また，この道徳上の遺産をつくるという行動も，あなたの現在の生活を豊かにします。そして，ケアの任務をさらに忍耐強く行なうことができるようになったり，報われるものだと考えられるようになります。

② ケアを受ける人の話をよく聞いてください。たぶんあなたは何度も聞いているでしょうが，今回はそれらの話に深くとどまっている，精神的歴史や価値観について聞いてください。その出来事のために精神的な生命線をつくるの

です。そしてそれを，あなたのケアを受ける人に対する理解のための出発点として使いましょう。たとえば出発点として，「あなたの幼少時代は幸せだったようですね。でも，大人になってからの人生は，1つまた1つと悲しい別れがあったんですね」「私の心を強く打ったのは，これらの悲しい出来事は希望と楽天的な考えが入り交じった糸であるというあなたの言葉でした」「これらの糸があなたの人生をいわば包み込んで，あなたを前へ進ませたのですね」「あなたもそんなふうに思いましたか？ もしくは何か違うふうに思いましたか？」と言えるかもしれません。"糸"というイメージの使用が，議論をさらに具体的で，精神的ゆとりがあまりない人にも理解しやすくなることに注目してください。患者の話の印象を話したあとに，「私の印象は正しいですか？」というように彼や彼女に確認を求めることも大切です。質問をすると，ケアを受けている人があなたの話したことを理解しているかどうかがわかります。

第6節 信念

　信念とは，「私は祈りの癒す力の存在を信じています」「私は神の絶大なる強い力の存在を信じています」「私は毎日，より善人になっていると信じています」のように，私たちが真実や役立っているとみなしている言葉です。信念は，毎日の暮らしのための指導原理を与えてくれます。これらの信念をはっきりと述べると，希望，満足，自己価値のおおいなる源になります。そして，方向性や個人の個性の観念を与えてくれます。私たちは，自分自身を信じるものなのです。また，信念が固定されたりはっきりとしたかたちになると，それは教義になります。教義が神々しく啓発され主張されると，それが宗教のための欠かせない基盤となります。そして宗教には，教会のような施設が必要です。あなたはケアギヴァーとして，自分と既存の宗教との関係を明らかにしたことがありますか？ それはあなたが信心深くならなくても精神的になれることを認識できるでしょう。そして反対に，精神的にならなくても信心深くなることができるのです。もしかしたら，あなたはこういった分割の仕方が好きではないか

もしれません。しかし，もしそうだったとしたら，あなたはどのように，精神と宗教を結びつけたり区別したりできるのでしょう？

第7節　あなたのユーモアのセンス

ユーモアの価値

　ケアの仕事をしていると，報われることがあります。時々，つかの間の喜びも伴います。しかし，多くのケアギヴァーたちはそういったことを恐ろしい存在として受け取っています。この章では，あなたが重荷と感じる心を軽くして，人生の中にもっと楽しみを見いだせることをめざします。笑いは癒しになります。笑いは私たちの全体的な心身の快適状態を維持し，筋肉の緊張を減らし，ストレスを減らすホルモンを刺激し，免疫システムを強くしてくれます。笑っている間は，血液のなかに酸素が増えていきます。一方で，笑っている間に血圧が上昇しますが，その後平常な状態に戻ります。ストレス管理コンサルタントのマリリン・グレイ（Marilyn Grey）は，私たちが健康的に暮らすためには1日に20回笑う必要があると主張しています（平均はたった2回です）[3]。大人の私たちの問題は，どんなことにも笑うことができる子ども時代の能力を失ってしまったことです。たとえば，「ぼくのゲップを見て」と言ってそれから大笑いする4歳の子どもを見れば，そのことは明らかでしょう。

　グレイさんは「笑いは，痛みと落胆を越えて，私たちを喜びの羽でもちあげてくれる魔法です。笑いは奇跡です」[4]と，言いました。たとえば，あなたがすべてのことが悪いほうにいくように感じたり，なぜケアで苦しまなければいけないのかと疑問に思うとき，その状況を何とかユーモアで乗り越えられないかと考えるかもしれません。笑いは，あなたの注意をケアの任務の退屈や痛みから，ケアの楽しい側面や緊張の解放へと向かわせてくれるのです。また，笑いは見知らぬどうしの2人も結びつけてくれます。ミュージカルユーモア作家であるビクター・ボーグ（Victor Borge）は「笑いは，2人の間の距離を最も近くします」と言いました。ユーモアは，あなたとあなたの患者の間に生じる緊張を和らげることができます。いっしょに笑ったことがあると，怒りにくく

なるものなのです。

ユーモアを理解する心の発達

　もしかしたらあなたは，笑おうと試みることや，苦しい状況におけるユーモアを，現実的でないと考えているかもしれません。あなたはケアの仕事を終わりのない，完全にどっぷりつかるものだ理解しているのでしょう。だから，ケアをしている状況で，ユーモアなんて探してみる時間もなければ気持ちもないと考えているのかもしれません。もしくは，自分にはユーモアを理解する心がないと思っているかもしれません。最初はむずかしく，ぎこちないかもしれませんが，ぜひともユーモアを理解できるようなることをおすすめします。これは，特別に努力してやってみる価値があるのです。なぜなら，その結果得られるものがとても大きいものだからです。ユーモアを理解する心は，学ぶことで得られます。ユーモアを毎日の状況の中，特に深刻で不条理なケアの状況の中で見つけるための方法がいくつかあります。調査によると，ケアギヴァーたちは「極度の疲労が，ユーモアのおもな敵だった」と報告しています。そこで下記の提案をします。この"詳細リスト"の中から，あなたに役立つものを見つけてみてください。

ユーモアを見つけるためのガイドライン

①少なくとも1日1つ，まわりで大笑いする経験を探してください。あなたといっしょにくすくす笑う（おかしな，誇張された状況，不適当な出来事，冗談，漫画映画）ことができたかを，友人に電話して尋ねてください。

②ユーモアに関するビデオやオーディオテープのコレクション，たとえばジャック・ベニー（Jack Benny）やミルトン・ベール（Milton Berle）の番組が記録されているものを借りるか購入してください。

③あなたが楽しめる喜劇のテレビ番組を見つけたり，アメリカのおかしなホームビデオにチャンネルを合わせたりしてください。そして，聴衆といっしょに笑いましょう。そうすれば，すぐにあなたは自発的に笑えるようになるでしょう。

④世界は不条理です。しかしすべてはうまくいくのだし，そのうち合点がいく

第3章 あなたがもてる力を知る

と自分自身に言い聞かせてください。馬鹿げた行動をとっていても，やがて成功するのです。コメディアンにとって，人生で意味のないものは何もないのです。たとえば，昔のかわいい漫画を描くW．C．フィールズは，たくさんの悲劇的な出来事に苦しみました。しかし彼は，この体験をユーモアにあふれた方法で世界にお返しすることができました。彼は，彼の人生の中の悲しみや不公正を克服することができたのです。同世代の喜劇女優のジョアン・リバーズ（Joan Rivers）にとっての人生も，すべてが不条理なものでしたが，彼女もユーモアで克服した1人です。

⑤あなたの人生の不条理を見つけるために，アメリカのトップコメディの主作品の映画やテープを見てください。すなわち，ジョナサン・ウィンターズ（Jonathan Winters），W．C．フィールド・レッドスケルトン（Red Skelton），リチャード・プロイヤー（Richard Pryor），ジョージ・カルリン（George Carlin），ボブ・ニューハート（Bob Newhart），ジャック・ベニー（Jack Benny），イルマ・ボンベック（Irma Bombeck），ロビン・ウィリアムズ（Robin Wiliams），ミルトン・ベイル（Milton Berle），ドン・アダムス（Don Adams），ピーター・セラーズ（Peter Sellers），ジョージ・バーンズ（George Burns），ジャッキー・グリーソン（Jackie Gleason），ビリー・クリスタル（Billy Crystal），シド・シィーサー（Sid Caesar），ウッディ・アレン（Woody Allen），ジョニー・カーソン（Johnny Carson），ジョージ・ゴーベル（George Gobel）ジャック・レモン（Jack Lemmon），ウォルター・マソー（Walter Mathau），そのほかたくさんのユーモリストです。これらのコメディアンが引き起こす笑いは緊張，苦痛に満ちた状況を和らげるのに役立ちます。

⑥できるだけ陽気な気分になってください。深く息を吸って，まるであなたがとっても幸せで，その状態が楽しいかのように自発的に大声で笑ってください。この自分を欺く行動は，体を騙してその状態が楽しくてたまらないと考えるようにさせます。多くの役者は役に入る前にこれを実行しているのです。そうしてから彼らは演技を始めます。彼らはそうした自分の行動で，気分を盛り上げるのです。幸せを感じるために，幸せに歌ったり，踊ったり演じているのです★5。

⑦元気がないときは，笑顔で歌を歌ってください。彼女の息子が彼女に怖いの？　と尋ねたときの「王様と私」のアンナ（Anna）を思い出してみましょう。彼女は歌の中で「私は恐れを感じると，いつでも幸せな旋律を口ずさみます」と繰り返しました。
⑧いわゆるブラックユーモアやギャローズユーモア（死や病気などについての皮肉なユーモア）は避けたほうがよいでしょう。それは人にショックを与えたり，考え方に挑戦的になるばかりでなく，時には裏目に出て人を傷つけてしまうからです。たとえば，民族や種族のひどい冗談，性別や年齢のあざけりや，死や苦しみについての冗談は，嘆きを増してしまいます。いつも，上述したような軽いユーモアを用いるのがよいと思います。
⑨冗談を言うことを習ってください。もちろんオチを覚えることがむずかしいかもしれません。しかし，2つ3つのレパートリーをもつまで練習してください。それが他の人々の記憶を呼び覚まし，あなたを誘発するでしょう。

第8節　あなたの内面の旅

「セルフケア」のための重要な資源を探求する旅にでましょう。まず精神の定義と向き合ってください。そしてこの章で提案した精神性のいくつか――道徳や倫理，信念，価値，意味のあること，共同社会について――の特性を考えてみましょう。きっとあなたは，喜びに満ちた，自発的な，いたずらっぽい，賑やかなことを再発見する可能性を見つけられると思います。ケアの仕事のためにあなたがひどい見通しの状態だとしても，あなたの人生に何らかの喜びと笑いを付け加えられるのだと知ることで，あなたの重荷が少しでも和らげられるのではないかと思います。

第3章 あなたがもてる力を知る

　次の章では，あなたの内面の違った面——あなたの傷つけられ失われた親密な関係の問題をうまく処理する方法——を探求しましょう。

引用文献

1. Joseph Campbell, *The Hero with a Thousand Faces* (Cleveland: World, 1949).
2. Abraham Maslow, *Toward a Psychology of Being* (Princeton: D. Van Nostrand, 1972).
3. Marilyn Grey, "Laughter as a Tool in Stress Management," speech presented at the Seventh Annual Northwest Wellness Conference for Seniors, Seaside, Oregon, October 1996.
4. Marilyn Grey, *It's All in Your Head* (Lynnwood, WA: Greymatter, 1995).
5. Norman Cousins, *Head First* (New York: E.P. Dutton, 1989).

第4章 親しい関係とは何か

親密な関係や開かれた相互の意思疎通を続けるには
不断の努力が必要です。
それなしには，関係はすぐに失われてしまうのです。

スー，ケアギヴァー

第1節 親しい関係が失われるとき

　ケアギヴァー，特に配偶者がケアギヴァーである場合に経験される大きな喪失の1つとして，配偶者と共有してきた親密な関係が減ったり，失われたりすることがあげられます。著者たちがインタビューした配偶者であるケアギヴァーの多くが，この寂しさと性的フラストレーションを伴う親しい関係の喪失を深刻な言葉で表現しています。

> 　スーの嘆きは代表的なものでした。彼女は言いました。「私は以前もっていた親しい関係を失って悲しいけれども，再び取り戻したいと思っています。私たちはもう話をすることもできません。私は孤独でイライラしているのです」。

> 　ローラも話してくれました。「配偶者との会話が失われることは，まったくひどいことです。愛撫やちょっとした触れ合い，見つめることや聞いたりすることが，性的な衝動の必要な部分なのです。誰かがケアしてくれることがありがたいことだと受けとめられている老年期ほど，この必要性が大きいときはないのです」。

　ローラの反応は，痛いほどの寂しさ，会話の減少，代替手段獲得の模索，および感謝の表現の欠如を強く示していました。こうして親しい関係が失われていくのです。

　この章にあげる親しい間柄は，おもに愛撫や抱擁や肉体関係についてふれて

いますが，親しい感情というのは，相手をいとおしむ言葉，抱きしめ，優しい触れ合い，戯れの抱きしめ，手をとったりすることによっても示すことができます。愛するという親しみの感情もまた，暖かくしっかり相手を見つめることによって伝えることができるのです。

　この章では，ケアギヴァーがこれらの親しみを失うことで直面する問題について述べていきます。

　まずは，現在ケアギヴァーであるあなただけが，フラストレーションや寂しさの中にいるのではないということを述べたいと思います。後にあげる例から，あなたは非常に大きな精神力と感覚的な力を引き出せるとわかるはずです。将来ケアギヴァーとなる人は，親密な関係や会話についてあなたにとって必要なものを満たすために努力する中で経験しうる，個人的な対立を垣間見ておくことができるでしょう。

あなたの性的な態度は，はっきりしていますか？

　ケアギヴァーが，親密な関係を満たすために選んだ選択にもかかわらず，体の役割についての態度，悦びの探求，そして親密なる体の触れ合いは満足の助けにも妨げにもなります。自分たちの親密なる生活を改善しようと望んでいるケアギヴァーの第1のステップは，性について自己分析することでしょう。

　支配，利己的利用，無視や虐待などという伝統的な態度と自分を忠実に対照させることが，それらを変化させる第1歩となります。親しい関係を妨げるかもしれない消極的態度のいくつかを見てみましょう。

消極的態度への対応

　性的な行動や身体を，汚らわしく罪深いと見ることが，親密さへの妨げの中心となります。

　歴史上のある時代，性的行動の抑圧的態度は一般的でした。またある時代では，自由な表現が特徴的でした。たとえば，世紀の変わり目であったビクトリア女王時代では，性的関心への抑圧は極端なものでした。この抑圧は今も続いています。これに対して，古代タントリック教においては性的悦びを儀式として執り行なっており，それらは今でもある文化では精神的卓越を達成するもの

として存在しています。

　古代カーマスートラ（Kama Sutra）のバストヤナ（Vatsayana）で述べられている性的快楽は，神聖な儀式を連想させることが多いもう1つの例です。古代ギリシャでは，快楽的悦びを人生の好ましいもののリストの最上部にあげています。

　ここでの重要な点は，あなた方の文化的条件が，親密なる悦びについてのあなたの態度を決める際のおもな原因だということです。あなたの考え方と過去の文化，宗教的な指図および家族内のルールとを対峙させてみましょう。そして，あなたの現在の親密な人生を続けるか否かを決めればよいのです。あなたは道徳教育の中でどのような厳格なルールを教えられたのですか？　そういった以前から示されていた教えに背くことは罪悪なことですか？　性的自由も含めてそういったルールを変えることをあなたはどう思いますか？　あなたはこの問題について，目を背けるか，言及するか，どちら側に立ちますか？　親密な行動についての否定的態度とルールがあなたの現在の行動をいかに支配していますか？　あなたはそれらを変化させたいですか？

親しい関係についての積極的態度を奨励する

　満足すべき親しい関係への第2のステップは，人間の身体についての積極的態度についてもっと知ることです。

　ある行為が，あなたや他の人の体や心に害を与えるか否かは重要な問題です。これについての積極的な態度としては，自分自身に向かって次のように言うことです。「私は責任のとれる人物であり，私は自身にも他の人にも社会のためにも最善の行動をします」。

第2節　あなたは何を選びますか

　あなたは親密な関係について，消極的または積極的な態度がどんなものか理解しました。日常のこととして認識できるように，何を選択するかを決めてよいときです。配偶者がケアギヴァーである場合，選択時に生じるむずかしいジ

レンマはよくわかります。その場合，あなたに以下の選択を冷静に再検討することをおすすめします。それから自分自身に対立する見方についてカウンセリングしてみて，おのおのの選択を諮ってみることです。けっしてどちらとも決めないこと，それから深呼吸して，すべての人に最善と思えることに決めてください。自分の選択について，多分しばらくの間は不安があるでしょうが，自分の選択は正しいと思うことです。どれか特別の選択をすすめたりはしません。すべての人は文化的背景，必要性そして姿勢が異なっているため，これらのデリケートな決定は自分自身でしなければならないからです。

　禁欲を続けることは，たぶんあなたの現在のケアの状況からして止むを得ない選択かもしれません。あなたは，親戚や友人と同じように，ケアしている人に時々ハグ（抱き締め合うこと）やキスをする程度の親しみ表現にとどめることになるでしょう。ケアギヴァーの大多数は，こうしたやりかたをすることに決めているようです。

　禁欲を貫くというこの選択は，強い否定が必要となります。自分自身に向かって「現時点で，親密な関係を与えることや受けることが重要ではない」と言わなければなりません。もしあなたに強い道徳的拘束があるなら，あなた自身には必要であっても「婚姻の誓いに忠実でありたい」と自分自身に言い聞かせなくてはなりません。しかし，究極の自身へのメッセージとしては「ケアは特別な仕事であって，他のすべてのものに優先させなければいけない」と言わなければならないのです。あるケアギヴァーはこの選択について，はっきりと次のように言っています。

> 「ケアは現時点で，私の生活での中心的使命です。これは特別な仕事です。私自身のためにも，私がケアする人のためにも最善を尽くします」。

　禁欲を選ぶということは，友人や親しい人たちと次々にハグすることに限る必要はないのです。個人的な幸せのためには，触れ合いの機会を増やすように努力することがきわめて重要です。触れ合いにより得られる満足を拒否することは，人間の第一の感覚的必要を妨げることになるのです。皮膚は，非常に繊細な器官できわめて多くのことを理解できる部分でもあるのです。

　積極的な触れ合いは，健康によい効果をもたらす豊かな脳内化学物質を生み

出します。例として，血圧の低下，脈拍の低下や免疫上の改善などがあります。すべての母親は乳児に優しく触わることが子どもを和らげ，健康を増進させることを知っています。長年にわたる数々の研究で，子どもをマッサージすることが子どもの機嫌をよくし，よく眠らせ，そして未熟児は病院をより早く退院することがわかっています。同様に，大人についての研究でも触れ合いや，マッサージが健康や安らぎの改善に価値があると示されています。それ以外にも，触れ合いを行なうケアギヴァーには，多くの積極的副次効果があるのです。

「そうです。触れることにはよい効果があることに同意します。しかし私は，誰かと手を触れる機会さえないのです。このような状態が，いかにイライラするものであるか認識しています」とあなたが言ったとします。それでも，あなたが自らの触れ合いの機会を意識的に増やすよう取り組むことをおすすめます。

その第1歩は，あなたの触れ合いについての態度を検討してみることです。あなたの態度はオープンで，受け入れやすいものですか？　あるいは人に近づくと固くなってしまいがちですか？　あなたの他人への態度やあなたの表情は「ある程度の距離を保ってください」と言っていませんか？　あるいは触れ合いとか，ハグをすすめていますか？　あなたは，たぶん人とのかかわり方について，友人からの意見が必要となるでしょう。

ある人は，ごく自然にハグします。ハグはある社交的な仲間の間では容易に受け入れられていますが，誘惑的なものと誤解されないように，細心の注意を払って行なうべきでしょう。友人や親戚の間ではふつうに受け入れられていますが，誰かが先導してやってみなければなりません。それはあなたでしょうか？　このような社会的役割を，気持ちよく行なえるように勉強する必要があるでしょう。もしハグが厚かましすぎると思われるときは，多少軽く手を触れるとか，握手をちょっと長くするなどが，はじめのやり方としては好まし

いでしょう。

　プロによるマッサージは，健康やリラックス効果と同時に触れ合いの必要性を満たす方法でもあります。友人や同行者に背中とか首を揉んでもらうのも，もしあなたが受け入れる態度であれば助けとなるでしょう。このように友人とか，あなたのケアを受ける人にマッサージをしてあげることは，さらに幸福感を与える方法なのです。

　もしプロのマッサージ師がいないときには，小休止のときに，あなたが行なってみることをおすすめします。マッサージは，1時間とか1時間半の間にいろいろな方法で，体の表面を手でさすることから筋肉を強く押すことなどを行なうものです。プロのマッサージ師は免許証をもっていて倫理上の配慮をもって行ないます。

　ケアギヴァーが親しい関係の必要性を満たすために，多くの選択に直面していることがわかります。しかし彼らが，明からさまに性的なはけ口を選ぶには，多くの文化的妨げがあるでしょう。性に関する社会的慣習が変わりつつあることはわかりますが，婚姻外の関係，自慰や同性関係なども，多くの文化内では制止されています。

親密な関係に対する必要性をその他の活動によって昇華させる

　この選択は，激しい活動計画によって親密な性関係の必要性を減らすことができると考えるものです。この選択は1つの範囲（性的衝動）で発生した緊張は，もう1つの領域（社会的活動のような）によって減少され得るという心理学理論に基づいています。スポーツ，社交，趣味，音楽や何か満足できる仕事などで忙しくすることでによって気を紛らわすことができるのです。

　ケアギヴァーがよくこんなことを言います。「そうでしょうか？　私にはケアという要求の多い仕事以上のことをする時間なんて見つけられません。そのうえ，私の人生は，つらい寂しさで複雑なんです。もうこれ以上，人と会いたくない気分です」。このコメントは，毎日必要なケア活動に熱中することでケアを理想化していると言えます。さらにその理想化された活動の例をあげれば，ケアを受ける人のための家の掃除，ショッピング，散歩や室内での体操の準備などです。

第3節 終わりに

　親しい関係を表わす選択は複雑で，時には悩ましいものです。しかしもし親密な関係に問題があるならば，いかなる選択をあなたがしようとも，あなたの決定の正当さを確信して維持することが重要です。あなたがいかなる決定をしたとしても，おそらくその後その問題についての第2の考えが出てくるでしょう。その場合，もし自分の最初の選択を変えたほうが賢明だと思ったら素直にそれに従えばよいのです。信頼できる友人やカウンセラーと話して自信をもって行動すればよいのです。

　次の章では，問題解決を効率的に行ない，よりスムーズな相互連絡ができるようにすることによって，あなたのケアギヴァーとしての人生をより楽にするにはどうすればよいかをお話ししましょう。

引用文献

1. Deborah Hayden, "Forum: Sexuality and the Well Spouse," *Well Spouse Foundation Newsletter* 44 (November/December): 3(888 Eighth Avenue, New York, NY, 10019).
2. Maggie Kuhn, *Maggie Kuhn on Aging* (Philadelphia: Westminster Press, 1977).

第5章　あなたの人生をより楽にする方法

無意識のある1つのかたちが，生きること自体をサポートします。
別のもう1つのかたちが精神的面をサポートします。
このどちらか一方が他を押しのけたときに，問題は生じます。

アーサー・デイクマン（精神科医）

「私の人生をより楽に，より簡単にすることを手伝だってくれたなら，どんなに感謝するでしょう」。そうケアギヴァーが言うのを，よく聞きます。この章では，より効率的に難問を解決する方法をお話しましょう。さらに，コミュニケーションの断絶は時々，人生がみじめなものとなる原因となるので，あなたがケアしている人とのコミュニケーションをどう改善するかをお話します。人生がより楽になるだけではなく，ずっと豊かになるでしょう。

第1節　問題解決

楽に，そして効果的にすべての問題を解決することができたならば，それはすばらしいことではないでしょうか。個人的な問題を解決するためにさまざまな方法をもつことが，問題解決にとっては有効的となるでしょう。この章を読み終えたら，3つの基本的な問題解決方法を使えるようになります。

では，どのような種類の問題について話しましょうか？　たとえば，次のようなものがあります。

- いつ，どのように私は，夫（妻）を養護施設に入れることを考えるべきですか？
- 精神的にとても離れたケアを受ける人に対して，どうすれば心を動かすこ

とができるでしょうか？
- 今のケアの仕事を離れたとき，私は何をすればよいのでしょうか？
- どうやって今月分のさまざまな使用料を支払えばいいのでしょうか？
- どこで延長サービスを見つけることができますか？
- どうやれば，その代金を工面することができますか？
- どうすれば，私はより多くの対処技術を修得することができますか？
- それを，いつ習得したらいいでしょうか？
- 反抗的な10代の子どもに，どのように対応すればいいのでしょうか？
- 私がケアギヴァーであることの重圧を取り去るためには仕事を辞めるべきか，それとも続けべきか，どちらでしょうか？

第2節　試行錯誤

　個人的な問題を解決する方法として，試行錯誤は最も一般的な方法です。まずは，私がケアを受ける人とよりよいコミュニケーションをとりたいと望むのと，あなたが望んでいるのとでは違う状況にあることを認識することから始めましょう。よい方法を見つけるために経験と常織を活用しながら，さまざまな方法を試します。この例では，相手と直接話すことによって始めます。静かにそして簡単な言葉で，ケアを受ける人が休んだり，食事をしたり，くつろいでいる早朝を選ぶとよいかもしれません。これがうまくいかなければ，より力強く，より権威的な口調で試すのもよいかもしれません。ケアを受ける人が陽気な気分でいる場合は，ケアギヴァーは愉快に軽い調子でこの方法を試せるかもしれません。ポイントとしては，あなたの経験に基づいた方法で，ケアを受ける人の心に届くように試みることです。解決策を得るためには，時々盲目的な試行錯誤が混ざった経験を使います。私たちはこの方法を冗談まじりに「混乱スタイル」と呼んでいます。最もわかりやすい例は，立体パズルを解く要領です。とにかくパズルが解けるまで，失敗を重ねながらがんばるのです。そのうちに，以前の経験のおかげでより速く謎を解くことができるようになります。

試行錯誤問題のステップのまとめ（経験から学ぶ）
①過去の経験を詳しく調べて，可能な問題解決方法について他の人にも助言を求めてください。
②最も実現可能なものから，それらの方法を試してください。もし，それがうまくいかないならば，解決策が見つかるまで，別のことや，他のものを試してください（立体パズルの例を覚えていますか）。

第3節 論理的問題解決

　この方法は体系的に，関連情報と論理操作を使います。しかし，人の問題に純粋な論理的アプローチを適用することはむずかしいものです。その理由は，通常問題がとても複雑で，同時に1つのことだけではなく，さまざまなことが複合しているものだからです。たとえば，おじいちゃんを長期集中的な療養施設に入れるかどうかという問題を考えてみてください。すると，"彼の独立生活のための能力は減退し，あなたは忍耐の限界で，彼が必要な世話のレベルを与えることができなくなった。でもそれによって，彼は低所得者医療補助の資格を得ることができた"というふうに論理性をもって問題にとりかかることができます。論理的なアプローチによって，たとえばグループホームや，家の中にヘルパーを連れてきたり，また家族のケアギヴァーを交代するなどの選択肢を考慮できるかもしれません。問題について，できるかぎり多くの情報を集めましょう。

　論理的な問題解決方法を使うことで，感情にかられた直感的な解決策を極力避けるようにしましょう。しかし，最終的な論理的決定をする前には，提案した解決策がどのように感じるかを考えましょう。提案した解決策は，すべての事実を考慮して正しいと感じますか。

　結果的に，特別な情報と確実性を必要とする問題に対して，論理的な解決方法はあなたに最高のものを提供してくれるでしょう。そのような問題の例として，新しい家を買うことや，前に出した例のおじいちゃんを療養施設に入れるかどうかを決めることなどがあります。この方法には，論理的で感情的ではな

い方法を追い求める連続した段階が必要となります。

論理的問題解決のステップ

①問題発見をしてください：おじいちゃんを長期集中的な養護施設に預けることが必要であると家族が気づいたという例を思い出してください。おじいちゃんの行動は，彼のケアギヴァーと家族にとってわずらわしく，ストレスになっています。問題の全貌を明らかにすることがこのステップでは重要です。これは問題がある状況の中で事実を現実的に理解することを意味しています。ケアギヴァーであるあなた自身の問題です。なぜなら，あなたは影響を与える最も重要な人物だからです。おじいちゃんはたぶん，自分が問題を起こしているとは思ってもいません。

②問題を述べてください：明確に述べられた問題は目標になります。あなたが今いる状況，すなわち混乱，怒り，不安，ストレス，それとこうありたいと思う状態とを対比させてみましょう。「本当の問題は何か？」。ステップ１から感情的に解決策に飛躍したいという誘惑は，この質問に答えることによって避けられます。おじいちゃんの例において，問題は自分のことを自分でする能力がないと思わせるような徘徊や，迷子になるという制御できない性癖です。したがって，問題状況を明確にすると，このようになるでしょう。「おじいちゃんはさまよう性癖があり，自分のことを自分でする能力がないので，おじいちゃんのためにより多くの面倒を見る必要があるから，私たちはとても多くの心配とストレスがある」。この状況の記述は，問題の種類（制御されない行動），誰が影響されるか（ケアギヴァーと家族），誰がそれを起こしているか（おじいちゃん），そして何が目標であるか（より集中的な監督）を説明しています。ケアギヴァーが，長期療養施設が必ずしもこの問題の最もよい解決策であったという結論を性急に出さなかったことに注意してください。

③目標を明確に述べてください：明確な問題状況を考え抜いたあとに，それを目標の状況に変えましょう。目標は「おじいちゃんに対してより集中的で，休みなく続く管理についての計画を開発すること」です。

④選択肢を広げてください：問題を抱えるケアギヴァーであるあなたは，自分

第5章　あなたの人生をより楽にする方法

の家族や支えてくれるネットワークメンバー，またはプロのコンサルタントに（a）問題と目標を説明し，（b）目標に到着するための代替案の作成に取り組みます。ブレインストーミングで見つけられるいくつかの目標として，たとえば，家族からの管理を伴う多くの援助や，24時間の管理を与えるためグループホームへの資金調達，適当な延期センターを見つけること，もしくは療養施設での長期滞在があるでしょう。このステップでは，問題を解決するための情報源の出所の調査が明らかに必要です。

⑤代替案の中で決めてください：おじいちゃんにとっての管理を広げるため，すべての種類の方法を区別したあとに，現在いちばん実現可能であると思われるものを選びます。もしそれが近くのグループホームであったら，と仮定してください。行動を起こす前に，この選択肢の長所と短所の分析をしてください。1枚の紙の中間に縦の線を引いてください。表の左側には，この選択肢に対してあなたが考えるすべての長所をあげてください。具体的には，"近い"というのがあるでしょう。表の右側には，この選択肢に対する欠点をあげてください。たとえば，お金の問題があります。通常，この長所と短所を考える過程において，特定の選択肢における実現の可能性が明白になります。あなたの分析によって，あなたはグループホームという選択肢をさらに強く確信できるでしょう。そこは近くて，そして金銭的に実現可能であり，しかもおじいちゃんはそこで友人をつくれるかもしれません。さて，計画から行動に移す準備ができました。

⑥選択肢を試し，評価してください：次に，適切なオリエンテーションと準備をしたあと，おじいちゃんをグループホームにゆだねます。これが，ホームでの生活がどのようにいくかを見るための試験的な措置であることは理解できるでしょう。2週間後，おじいちゃんが新しい環境にうまく順応しているとわかります。そこで，おじいちゃんが定期的に自宅に戻ることを条件に，ホームに住まわせることを決めます。

あなたは何度も同様なステップで，問題を解決したに違いありません。しかし，同時に複数の問題を効果的に解決するならば，このプロセスを理解するためにぜひ試してみてください。この論理的な過程は骨の折れることのように思

うかもしれませんが，性急な解決策をとることを防止してくれます。漠然と表わされた問題は，ただ速いだけの解決策を求めることになります。さらに，この問題解決プロセスを論理的に考えながら，しかも問題をとても正確に明らかにしようと努めている間は，とても感情を抑制しやすいのです。最終的にあなたは，この問題解決方法を用いることで，変更できないような意思決定をするわけではありません。つまり，選択した長期療養施設の適格性について多くの情報を集める間に，仮入所の観点から検討することができるのです。

論理的問題解決のステップのまとめ

①問題を述べてください。
②問題を目標に変えてください。
③代替案について情報を収集してください。
④最もよいと思える選択肢を選んでください。
⑤選んだ選択肢を試してください。
⑥解決結果を評価してください。
⑦必要なら別の代替案を試してください。

論理的問題解決を介護に使う

　過去に直面した問題を思い出してください。どんなステップを通ってきましたか？　努力はどれほど効果的でしたか？　今までに説明してきたプロセスで何が似ていて，何が違っていましたか？

　あなたが好まない，しかも変わってほしいと望むような状況での現在の介護問題を選んでみましょう。たとえば，デリアが対峙しているようなはっきりとわかりやすい解決策がない問題を選んでみましょう。

> 　デリアは8歳の神経性聴覚障害の1人息子のケアギヴァーです。現在まで，彼女は息子の世話をほとんどやってきました。嫌々ながらもデリアは，2人目の夫からいくらかの援助を受けています。
> 　デリアは8年もの間，ケアに肉体的，精神的にも重い犠牲を払いました。そのため，今のような状況を続けることはもはやできないと感じています。常勤で働く彼女の夫は，ケアでの自分の負担部分を増やすことを望んでいません。デリアは仕事

> に戻りたいけれども，自分の給与が常勤のプロのケアギヴァーをまかなうのに十分でないことを知っています。

　デリアにとって根本的な問題は何ですか？　また，彼女が解決すべき問題の中で優先度の低いものは何でしょうか？　そして，デリアのおもな目標は何でしょうか？　彼女の荷を減らすこと，助けを見つけること，仕事に戻ること，それとも彼女の夫に今より多くの責任を取らせることですか？　また，次の目標はこれらのうちのどれですか？

　この問題を考えるにあたって，何がむずかしかったですか？　論理的な方法は，この問題に適切でしたか？　問題解決方法について何を学びましたか？　早く簡単に解決策を見つけるには，この問題は複雑すぎましたか？　この問題を，いくつかの小問題に分ける必要がありますか？　問題解決の方法は，問題の種類に合わせなければなりません。この場合は，とても明確な問題ということになります。

第4節　直観的で創造的な問題解決方法

直観的な思考の特徴

　問題を解決するために，今までは確かに直観を使っていました。ケアギヴァーにとっての基本的な問題は「どのくらい自分の直観を信頼することができるか？」です。しかし，私たちの多くが直観を十分に信頼していないというのが回答です。他の回答については，この章のあとで紹介します。直観は，部分的に論理をもとにし，予感を兼ね備えた曖昧な身体的な感覚に基づいています。すなわち直観とは，自分がどのように理解しているかを意識せずに知る方法です。時々，未知なる人の中には超能力というかたちで直観が現われるため，直観を神秘主義的であるか，いかがわしいと考える人もいます。しかし多くの文化で，意思決定をするのに直観を好んで使っています。そこで，もし過去に直観を使ったことがないならば，あなた自身で直観的な方法を試してください。

直観的問題解決方法のステップ

①受容する：ケアギヴァーが直観的な解決策を用いる際の基本的な心構えは，新しいアイデアと固定観念への柔軟性です。斬新で型にはまらない考え方は高い評価を受けます。解決策を夢中になって探せば探すほど，解決策はわかりにくくなりやすいので，忍耐と従順は重要でしょう。直観的な問題解決をしようとする人の多くは主観で頭がいっぱいになってしまいます。そこで，問題に関する領域の背景となる知識を膨大にもつことが役に立つでしょう。しかし，あまりにも多くの経験と事実を背景とすることが，固定観念へとつながり，斬新な解決策で創造的な可能性を見いだせないことへの正当化としてしばしば使われることから，ここには多少の矛盾があります。

②質問をする：準備段階では，異なる観点から多くの質問をします。質問方法によっては，解決策がしばしば制約を受けることになります。通常，多くの質問をして問題をよく考えたあとに，解決策が意識にあがってきます（孵化と呼ばれます）。問題についてリラックスしつつも集中し，現在の状況を何らかの形で視覚化すると，将来，その問題が楽に解決するように思えます。

③最終的に，あなた自身の知恵を信じる：解決策は，有機的知恵と呼ばれる感情的な知識の倉庫から現われるものです。この種類の直観的考え方を使うためには，知る必要があるもののほとんどがすでに備わっていて，体の中に蓄えられていると信じなければなりません。基本的な問題は，ケア問題を解決するために，この「有機的知恵をどのように選ぶか」です。

直観のための条件

直観的な問題解決方法には，論理的な方法のような固定的で直線的な手順がありません。直観的な解決策をつくりやすくするための，いくつかの条件と姿勢があります。

①肉体的なリラックスの状態：私たちは，ストレス管理について第2章で説明したような習慣をもたなければなりません。リラックスが生じる結果，敏感さが促進され，アイデア，予感，および霊感的知覚が広がります。

②孵化時間：これは，アイデアを熟考し，空想の中でこの問題をあれこれと考

第5章 あなたの人生をより楽にする方法

え，さらにいくつかの部分に分け，それを再度組み立てなおすためのリラックスした時間です。また，事実を考慮し，意識の中に代替案となる解決策を思い浮かばせるための時間でもあります。自問自答している問題が，重要なものであると確信するための時間ともいえます。

あなたが瞑想しながら熟考をすることは，まわりから見ている人にとっては多くのことが進んでいるようには見えませんが，あなたの考えは急速に多くの方向に進んでいます。この方法を説明するのによい例は，ロバート・パーシグ（Robert Pirsig）の「禅とオートバイ修理技術」です。

> ロバートはバイクが走らなくなったときに，まず変化した状態を受け入れました。そして，静かに長い間壊れたバイクを凝視しました。彼はバイクの観点から質問をし，単に壊れたかもしれないという古い考え方をしませんでした。彼はまた，感情にかられることなく，さらにバイクを壊すかもしれない行動を避けました。彼はしばらくの間，そのバイクになった気持ちになり，何が悪かったのかを「彼に語ること」で自分を元気づけました。彼は単に壊れたかもしれないという固定観念を避けて，控えめながらも快く新しい方法を受け入れ，修理することができたのです[★1]。

ケアギヴァーが要求された解決策について凝り固まった考え方をもっている場合には，直観的な考え方は使えません。顕著な例は，インドの猿の仕掛けです。生きている猿を傷つけずに捕らえるために，仕掛け人はおとりとして鎖でつながれたココナッツに穴を開けたものを用意します。この穴は，猿のこぶしより少し小さい大きさです。そして仕掛け人は，猿が欲しがるものをココナッツの中に入れておきます。すると，猿はそれをひと握りつかむと，欲しいものを放さなければ手を取り出すことができません。猿が自分の選択について，凝り固まった考えに束縛されている間に，仕掛け人は猿の頭の上であみをかけるのです。

直観的問題解決方法のまとめ
・斬新で慣例に従わないアイデアを受け入れることを考えてください。
・質問をしてください。
・リラックスした体の状態を思い浮かべてください。

- 体から抜け出た意識の答えを許容してください。
- あなたの時間に，アイデアを生み出すための時間を組み入れてください。
- もし困ったなら，しばらく後戻りをしてこの過程を再利用してください。
- 解決に近づいた印として，緊張からリラックスへと変化したことを捜してみてください。

第5節 経験に焦点をあてる

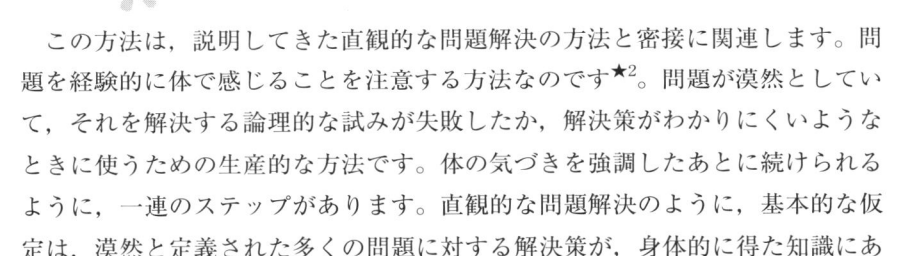

　この方法は，説明してきた直観的な問題解決の方法と密接に関連します。問題を経験的に体で感じることを注意する方法なのです[★2]。問題が漠然としていて，それを解決する論理的な試みが失敗したか，解決策がわかりにくいようなときに使うための生産的な方法です。体の気づきを強調したあとに続けられるように，一連のステップがあります。直観的な問題解決のように，基本的な仮定は，漠然と定義された多くの問題に対する解決策が，身体的に得た知識にあるということです。

経験に焦点をあてる方法のステップ
①あなたは今，体がリラックス，緊張，不安，興奮をどのように経験しているかを記述できますか。
②これらの感覚について感じていることを説明してください。たとえば，喜び，心配，怒り，または恐怖などです。
③曖昧な問題を体の中でどのように感じているかを意識してください（ステップ①と②から意識することを続けてください）。
④急がなくても，たぶん，あなたはこの問題（身体的感覚）の一部分が既知から未知へと変化するのを経験するでしょう。問題の未知の部分に着手するために，どんなイメージまたは言葉が現われれば，あなたの感覚とつり合うかを自問してみてください。これは，"おおまかさ（aboutness）"，と呼ばれるプロセスです。また，敏感さはここでも重要です。なぜならば，あなたの体に，語るのではなく聴く必要があるからです。"おおまかさ"をすることに

よって，緊張した状態からくつろぎや十分な息抜きの状態へと身体的感覚が変化するまで，違うイメージで数回これをやる必要があります。そしてその答えまたは解決方法を正しいと感じます。

体からわき出る知恵を聴くというこの方法が，もしあなたを解決に導いてくれない場合には，いったんそれを止めてください。そして「行き詰まる」経験に焦点を当ててみましょう。「この行き詰まるという身体的経験，欲求不満は何を意味するのだろう？ そして，自分自身に何か質問を追加する必要があるのだろうか？ 私は（緊張から息抜きへの）感覚の微妙な変化に気づいているだろうか？」と。しばらくの間，この方法からあなた自身を遠ざけるのも助けになるでしょう。そして，あとでもう一度この方法に戻ってください。けれども，あなたの身体的感覚の気づきが変化したことを表わすイメージと感情に対しては，しばらく油断しないでください。イメージが，可能な解決法へのヒントを与えてくれるかもしれません。

この解決が正しいという感覚を得るまで，再び方法を試してください。たとえばあなたは，家の手入れを楽にし，もっとプライベートを守るために，より小さな平屋の家に引っ越したいと考えているとします。しかし，少し迷いと不安感があります。ほとんど満足していない状態で，この問題を分析するのに論理的な方法を試してみました。身体的感覚が感情とイメージに結びつくことは，変化を進めることが正しいことであったという，とても明白な自信を得ることに役立ちます。もう一度，体からわき出る知恵を信頼し，それを正しいと感じました。しかしまた，安い税金と安い賃貸料と引きかえに高い費用と引っ越しにともなう面倒があるというような現実的考えが正しかったともわかりました。

引用した決定の種類について，論理，直感，イメージと体の知恵の信頼という問題解決のいくつかのやり方の使用方法を順に説明します。思い出してください。あなたの目標は，問題解決能力を開発することです（それには1つの介護問題における柔軟性と，いくつもの巧みな運用の使用が含まれます）。

介護への直観的な考えを使う

　直観についての議論には，ケアギヴァーが生きていくうえでの多くの教訓があります。問題解決に，直観的な方法を使うことが有利かもしれない状況を想定してください。凝り固まった考え方によってあなたが困難の中に放り込まれたときに，何か起こりましたか？　問題に近づくために，パーシグ（Pirsig）のオートバイ修理の例を思い出してみてください。体からわき出る知恵を信頼することがむずかしいとわかりますか？　簡単な話でいえば，いつ体は疲れているか，そして休息を望んでいるかをあなたに知らせてくれますか？　もう少し複雑な話になると，体はあなたに，適切な決定をすべきことについてヒントを与えてくれますか？　体の緊張，筋肉痛，およびある種の頭痛は，行動が正しいと感じないときや，たぶん止めるべきときにうまく指示してくれるものなのです。

将来の筋書き

　問題に対するすべての方法を用いて，計画した将来の筋書きをステップに加えると，問題解決の助けになります。これは，問題を解決するのに適用した結果を予測しようとする方法です。いずれかの解決を選ぶならば，専門家の意見やあなたの経験や，考えられる計画に関して活字になっている事実を使いましょう。ケアギヴァーのサポートグループで試してください。この予測による方法で，あなたが驚く思いがけない結果の法則を減らすことができるでしょう。つまり，少数の未来派が想像するくらいでしか予想しなかった，望ましくない結果です。たとえば，議論となっている医学的処置についての助言を得るために，弁護士と約束をしたと言ったとします。一見，このことは賢明で慎重なように思えたのですが，結果的にはケアを受ける人と家族からの抗議の嵐となりました。相談もなく医学上の相談を手配したことに，ケアを受ける人は取り乱してしまったのです。これが，予測しなかった結果です。

応用問題

　数週間にわたってとりかかっているにもかかわらず，まだ解決していない問題を選んでください。そしてまずは，論理的なやり方で始めてください。それ

第5章　あなたの人生をより楽にする方法

はどのように作用していますか？　それから，直観と想像力を解放して，直観的なやり方を適用してください。そして，2つの戦略を比較してください。

また，簡単な問題でもいくつもの戦略を試してください。たとえば，縫いもの部屋をどのように模様替えするか，より多くの運動をするか，車を修理するか，髪を切ってもらうか，休息時間が決まっている旅行中に食料雑貨店に買い物にいくかどうか，などです。

仕事を辞めるかどうか，家を引っ越すかどうか，家族をもっとケア奉仕に巻き込むかどうか，セルフケアのためのより多くの時間をつくり出すかどうかなど，より複雑な問題についても試してみてください。

望まれない行動を変える

ケア問題を解決する間に，変えたいと思うような自滅的な行動を発見するかもしれません。1つの提案は，生活上の満足を妨げたり，ケアの有効性を減らしたりするような，気分のむらをもっとコントロールする能力を得ることです。望まれない行動を変え，新しい行動を取得するための手順があることを知っていると役に立つのですが，自己管理の状況には応用しにくいものです。そのような手順はこの本の範囲を越えていますが，あなたが自滅的な問題行動を変える助けを得るため，熟練しているプロのカウンセラーに相談したくなるかもしれません。そのようなカウンセラーをどのように見つけるかは，後述の9章でお話しします。

第6節　コミュニケーションの有効性

ビジネスの基本は，とにかくコミュニケーション，コミュニケーション，コミュニケーションです。これはケア奉仕にもあてはまります。あなたがケアを受ける人とよくコミュニケーションをとれば，毎日の仕事は，ずっと楽になり，ずっと満足できるものになるでしょう。対人折衝能力は，葛藤を解決し，コミュニケーションを明確化し，サポートを提供し，建設的な行動を促進することに役立ちます。

コミュニケーションの問題

> ジョアンには，コミュニケーション面での問題があります。彼女は10年間，障害をもった夫のケアをしています。夫は5年間，ほとんど寝たきりでした。最近の5年間，彼は神経質で議論好きなため，ジョアンがやることなすことほとんどすべてに批判的でした。彼女もまた立腹と批判の声で応じたので，気性がカッとなり，2人とも多くの時間を大騒ぎして過ごしました。ジョアンはこんなふうに言っています。「夫は私が言うことを聞かず，私が話すこと，なすこと，ほとんどすべてについて，私を批判します。私たちの有意義なコミュニケーションはほとんどゼロです。最近，私はできるかぎり夫と話しをしないようにしています」。夫のポールもジョアンについて同じことを言っています。「妻は私を理解せず，また私が経験している苦痛を理解しません。妻は私が言ったことを聞こうとしないので，私は妻と話すことができません」。

コミュニケーションを改善する

ジョアンとポールの2人ともが，聴くための技術を必要としていることは明らかでしょう。あなたのコミュニケーションの問題は，ジョアンとポールの間ほど困難でもないかもしれませんが，おそらく，よく聴く技術から得るものがあるはずです。いつも聴く技術を教えているコミュニケーション専門家でさえ，自分自身の聴く技術を磨く必要があるのです。

ケアを受ける人が何を望み，何を望んでいないかを，ケアギヴァーが自分自身に問いかけると，コミュニケーションはよくなるでしょう。ケアを受ける人が助けを求めてきても，援助というものは複雑なものなので，慎重に行動してください。最大の善意をもって，あなたはケアを受ける人が望んでいることをするかもしれません。しかし，ケアを受ける人は，あなたの援助をおせっかいとか，無能と解釈するかもしれないのです。

どうすれば援助をするときに起きる誤解をなくせるでしょうか。援助の効果を測るため，ケアを受ける人の反応を注意深く観察してください。ケアを受ける人が，依存症や，無力感，劣等感を進行させるかもしれません。たとえばケアを受ける人は，援助を受けることで自分の世話もできないという気持ちになったり，他の誰かに頼ることは好きではないと考えたりしているかもしれません。時間がたつと，援助を受け入れることへのそのような感情は，憤慨や罪悪

第5章 あなたの人生をより楽にする方法

感に変わる可能性があります。さらに，援助というものは恩着せがましく聞こえやすいものなのです。年長者の有名な擁護者であるマギークーンは，私たちが年長者をまるで産まれたばかりの赤ん坊のように扱いがちであると主張しました★3。

　年長者に対していかに大きな結果責任をとることができるか，またはとるべきか，それが決まっているとコミュニケーションはよりはっきりとしたものになるでしょう。もちろん責任は条件によるものですが，ケアギヴァーの価値は基本的にこの答えで決まります。この答えは，「私はきょうだいの面倒を見ています」といったものから，「人というのは，全体的に自分の要求を自分で満たす責任があります」といったものまでそれぞれ異なります。ケアの現実は，個人的な責任が分割され，どの段階まで働くかを自分で選ぶことになるのです。

　あなた自身が必要としている配慮，能力，肯定，敬意が，いかに介護を受ける人の幸せに影響を与えるかは，すでにお気づきでしょう。あなたからケアを受ける人に対する，この状況でのコミュニケーションは，1つの方法となるのです。倫理的で理解のあるケアギヴァーは，ケアを受ける人の費用では，自分の望むような満足なケアはできないでしょう。

　コミュニケーション上手な人は，相手を理解しようとします。このように人は，人を理解したいととても強く望みます。人を理解するということは，彼らの目を通して世の中を見ようとすることを意味しています。相手の立場に立って感じてみるというこの過程は，共感と呼ばれています。ケアを受ける人は，ケアギヴァーのこういった，彼らの視点を心から理解しようとする努力を高く評価します。先に述べたジョアンとポールの事例では，彼らが共感というこの単純な原則を用いていれば，理解のすれ違いを避けられたかもしれません。ケアを受ける人が自分をわかってもらえたと感じたとき，彼らもまたあなたを理解し，評価することで報われることがよくあるのです。

上手な聴き方

＊**すべてのメッセージを聴く**　　理解することは聴くことを意味しています。聴く技術には相手のすべてのメッセージを聞き，積極的に反応することも含みます。メッセージ全体を理解するために，ただ言葉を聞くだけではなく，言葉

を用いていない身体の動きを観察し，相手の感情に注目してください。当然のことですが，相手が話している間，あなたは静かにしていましょう。

＊**言わんとしていることを聴く**　注意深く，そして共感の心をもって，ケアを受ける人の言葉，声の抑揚，身体の動きを聴きましょう。さらに，相手が伝えようとしていることを積極的に理解しようとするのです。人は，時々，意図を隠して言葉を使います。「私はあなたのことが好きで，もっとあなたを知りたい」と言いたいのかもしれません。しかし，漠然として紛らわしいとりとめのない話をしているならば，一定の距離をとりたいのだとわかります。一方では，両目を輝かせ両手を広げたような態度で言葉を用いない場合でも，あなたにより近寄りたいという強い願望を伝えているのかもしれません。かつて，「体はうそをつかない」とある心理学者が言いました。

＊**心構え**　他の人の話しを聴くとき，常に3つの有益で無言の疑問をもち続けましょう。

①話し相手は，何を言おうとしているか（話し相手のメッセージまたは話は何か）。
②話し相手は，今何を感じているか。
③話し相手の生活空間は，今どんな感じか（話し相手の今の生活には，どのような圧迫と強制があるか）。

態度

役に立つ態度というのは，心構えの重要な一部です。いくつかの例をあげましょう。

・相手に対して積極的に敬意を示してください。こうすることは，援助に批判的ではなく，非所有の愛情を意味しています。
・敬意をもってそれぞれの人を見てください。この態度をとることで，先入観をなくします。社会的地位と民族，人種，生まれ，年齢，健康，および経済の状況は態度に影響するからです。
・プライバシーを守るために，各自の欲求を尊重してください。これはつまり，あなた自身とケアを受ける人の間に境界線を引くことを意味していま

第5章 あなたの人生をより楽にする方法

す。身近で愛する人でさえ，自分自身のはっきりした個人的な空間が必要です。感情的に巻き込まれることから身を守るために，ケアギヴァーには特に境界線が必要です。

＊**聴くことへの障害**　何がメッセージを聞きづらくしていますか？　通常，それは自己に夢中になってしまうことです。たとえば私たちは，メッセージを聴き漏らすと，次に話すことについて考えることに一生懸命になってしまいます。もしくは，私たちが聞きたくないこと，たとえばおせっかいな批判であれば，聴かないでしょう。また，他の人が言っていることが退屈であったり，不適切であったり，反復的であると思えば，私たちは注意を払わなくなりがちです。あなたには，これら説明のうちいくつがあてはまりますか？　もしあてはまるなら，どうしたら注意の払い方がよくなるか計画を立てますか？　もしかしたら，注意力欠如障害（ADD）にかかっていると思いますか？　注意力欠如障害というのは，すぐに取り乱してしまったり，綿密な注意ができない症状をさす医学用語です。

＊**注意深く聴くこと**　聴くための重要点の1つとして，注意して聴くことがあります。視線を合わせることで，注意して聴いていることを示せます。見つめることで強烈な興味を示し，曖昧な目，またはぴくぴく動くまぶたからも情報を得ることができます。相手が話していることに誠実に興味をもっているならば，一か所を見つめるような凝視はしないでしょう。

　アメリカ先住民などのいくつかの文化では，コミュニケーションをとるときに，直接目を合わせることを重要視しません。したがって，この章の中で掲げたすべての技術は，あなたがケアしている人の文化的慣例を考慮する必要があります。

＊**姿勢**　注意して聴くときに2番めに重要なことは姿勢です。通常，興味がある場合は，くつろいだ姿勢で話し相手のほうに傾きます。話したり聞いている間，堅苦しく座ったり，のけぞったりするならば，話し相手は興味がないと受け取るかもしれません。もっと悪いことには，ケアを受ける人がベッドの中で横たわっているときに，彼らのまわりをさまようことです。これは威張り散らした，恩着せがましい，独裁的な態度に映るかもしれません。あなたの姿

勢はケアを受ける人に何を伝えていると思いますか？ それは，意図的にやっているのですか？

✽身振り　　身体の動きは何を伝えますか？ あなたの筋肉は張り詰めていて，ぎこちなく動いていますか？ それとも，くつろいで，おだやかですか？

体からどんなメッセージを送りたいですか？ そして，それは言葉と一致していますか？

✽言葉によるメッセージ　　内容のほかに，声の調子，高低，大きさ，速度，アクセント，および抑揚は多くのことを伝えます。たとえば，拙速で，耳ざわりな話し方は，批判または危険のメッセージを伝えているのかもしれません。自分の声を聞くときに，何を伝えていると思いますか？

　言葉による反応は，話し相手がたった今言ったことに関係しているので，ケアを受ける人は自分の話を聞いてもらえたと確信できます。ケアを受ける人のメッセージをさらに理解しようとするなら，質問をしたり，話題を変えたりしてはいけません。しばらくはケアを受ける人の話に集中し，話に割り込むのを避けましょう。会話での言葉または言い回しは，コミュニケーションを続けることに役立ちます。たとえば，「私はあなたが何を言おうとしているかわかります」「私は，あなたが経験してきたすべての苦痛を理解できます」，そして「あなたのアイデアは，ものごとを束ねるように思えます」などです。ケアを受ける人は，この種の言葉による反応から，あなたが聴き，そして理解しようとしていることに安心できます。

注意して聴くという単純なことが，なぜそんなに効果的なのか？

　あなたのすべての注目を引くというまれな経験を得られるので，聞き手は注意して聴いてもらうことが好きなのです。注意して聴いてもらえることで，コミュニケーションの終わりまで会話を続ける責任をもつことができます。

　あなたはたぶん，注意して聴くことに，強力なコントロール効果があると気づいているでしょう。たとえば，強烈な視線には他の人の注意を集中させる効果があります。したがって，見つめ続けることで，ケアを受ける人の機能障害の行動をコントロールすることができたりするのです（学校の先生の強烈な凝視としかめ面の威力を覚えていますか？）。

注意して聞くためのガイドライン
①視線を交わし続けてください（ほとんどの文化では有効です）。
②くつろぎつつ，けれども油断せず，姿勢を保ってください。
③自然にふるまい，優しい身振りをとってください。
④相手を支持する言葉を使ってください（「わかります」「なるほど」「先に進めてください」「すばらしい例ですね」など）。
⑤すべてのコミュニケーションで，お互いに快適な距離を見つけてください。

ケアを受ける人のメッセージを繰り返す
　言い換えは，ケアを受ける人のメッセージのポイントとなる部分を似た言葉で要約して復唱する方法です。この方法を用いることで，ケアを受ける人が伝えようとした内容について，あなたの理解度がわかります。単に理解しようとしたのでなく，実際にメッセージ全体を理解したことで，聞き手に安心を与えることがおもな目的です。ケアを受ける人はあなたに，「はい，それはまさに私が言おうとしていることです」と言うでしょう。メッセージを言い替える例は次の通りです。

> ケアを受ける人：「私はこれを理解できません。[強調して話す] 訪問ヘルパーの女性が私にこれをすると話した1分後に，一呼吸おいて，彼女は私にあれをすると話したのです」。
> ケアギヴァー：「あなたは彼女の発言によって，本当に混乱したのですね」。

　この説明が，わずかな言葉では混乱することは必須であるというメッセージを伝えていることに気がついてください。言葉というものは，欲求不満でいっぱいの混乱したメッセージの強烈さを本当に伝えます。言い換えが正確であったことを示す，言葉以外の合図（顔，目，口，身体）も捜しましょう。ケアを受ける人は，あなたが言い換えたあとに，たとえば「その通りです」などの言葉を，時々付け加えるでしょう。

　感情は常にメッセージの中核の一部とはかぎりませんが，感情を認識し，はっきりと定めて注意する必要があります。感情というものは，しばしば長いこと心に埋め込まれているもので，とりとめもなく話される中から認識するのは簡単なことではないかもしれません。しかし，そうして見つけた感情を，とて

も短い直接的な感情表現でケアを受ける人に跳ね返してみましょう。たとえば,「差し迫った影響を心配しているのですね」というふうに。焦点が表現された,もしくは暗示された感情の場合を除いては,これは言葉によるメッセージを言い換えることと似ています。「あなたは……と感じてますね」といった反応で始めるのはよい方法です。

あなたの内容を言い換えた反応が正しいときには,すぐにそれがわかるでしょう。きっと,ケアを受ける人が「はい,その通りです！」のように答えるからです。万が一,あなたの反応があまり正確でなかったとしても,相手はあなたの理解しようとする努力を認めるでしょう。そして,通常はその人が意図していた感情を再度あなたに示してくれるでしょう。

感情を認識して述べるというこの技術は,どうすれば修得できるでしょうか？ ケアギヴァーの中には,ほかの人が感じていることを直観的に感じる感覚をもっている人もいます。しかし,感情を否定されたり,抑制されたり,ゆがめられた家庭で育った人もいるかもしれません。後者の人は,たとえば敵意,恐怖,苦痛,嫌悪,悲しさ,または罪悪感の微妙な感情にもっと気づく練習しなければならないでしょう。たとえば,うつろな目,ぴくぴく動く口,紅潮した面,および飛び跳ねる足などの合図を捜す練習をしてください。それからこれらの合図に感情を見定め,推定した感覚を反映してみてください。たとえば,痛々しい表情を見たあとに「その仕事を失うことは本当に苦しいですね」と言うことができます。または震える足を見たあとに,「今朝,公園を歩いて横切るのは,とても恐ろしかったでしょうね」と言うことができます。そして,ケアを受ける人に,あなたの直観が正しかったかどうかを尋ねてみてください。

ケアを受ける人が強烈な怒りなどの強い感情を表わしているときは,感情そのものがとても明確なものなので,強調する場合を除いては反応する必要はありません。たとえば,「本当に彼を憎んでいますね」ということはあるでしょう。感情がとらえがたいときやケアを受ける人が自分の感情にほとんど気づいていないときに,感情の言い換えは最も効果的です。いくつかの例をあげましょう。

・「例年あなたはこの日が来ると,とても悲しいんですね」。

- 「とても長い時間あなたは罪悪感をいだいていて，濡れ衣を着せた彼に対してとても怒っていますね」。
- 「あなたは愛している人に拒絶されて，傷ついていますね」。

次のように，時々重要な感情を強調して繰り返してください。

- 「彼女の意見に私は深く傷つきました」。
- 「本当に深く傷ついたのですね」。

＊応用する　習慣づけるために，これから数日間，友人や家族の言葉と感情のメッセージを言い替える練習をしてください。言い換えが正確であったかどうかを判断するために，たとえば次のような質問をしてみてください。

- 「これは，あなたの言いたかったことですか」。
- 「まとを得ていましたか」。
- 「正しいですか」。

挑戦的なメッセージ

　よく聴き，理解しようとしているとき，ケアを受ける人の意見ととても食い違っていたとしても，非常に堅くなに自分の見解を述べたいときがあるかもしれません。たとえば，食事時間に混乱がある場合です。ケアギヴァーは「食事の予定時刻について話しているとき，私たちの間に緊張の糸が張りつめる感じがします。私はこの感情について話すべきだと思います。あなたもそのように感じますか」と言うかもしれません。ケアを受ける人が精神的に正常な反応ができない場合を除いて，率直に言うことで食事時間にかかわる感情を表だって十分に話すことができ，その結果，抵抗を減らせるでしょう。少なくとも感情を共有しようとすることは，より耐えやすい状態まで緊張を減らし，食事時間の決まりに，いくらかでも従ってもらえるかもしれません。

明確なメッセージを送る

　他の人が何を言っているかを理解することがいかにむずかしいかは，経験上おわかりでしょう。メッセージの送り手が故意に不明瞭なメッセージを送ろうとしていることがありますが，これは改めるべきことです。あなたは，陥れられたくないと思って，要求に対して漠然とした多義的な反応を返すかもしれません。もしくは，問題についての対決を回避したいので，なだめるようにあたり障りがない反応を返したりするでしょう。しかし，物議をかもしだす問題については，はっきりと言うことを決めていないと，意見の一致と不一致の両方の表現を含む，曖昧でごっちゃになった返事をしてしまいます。明確で直接的なメッセージを伝えることに集中すれば，ケアの仕事がずっと楽にになるというのが大切なポイントです。

　よいコミュニケーションは，相手の顔を見て話すという単純なことから始まります。けっして，後ろから，または側から話してはいけません。恩着せがましく響かないように注意しながら，静かに，はっきりと，短い文で話すようにしましょう。あなたが言いたいことがどのように受け取られるのかを予測して，特にあなたが伝えたいことは何かを，短時間に熟考できるようにしましょう。

　直接的で明確なコミュニケーションをとるための重要な原則は，「私はメッセージを送ります」ということを示すことです。これは，「私は……と思います」「私は……したいです」「……であったらよいお考えだと思います」といった言葉から始めるとよいのです。つまり，「私たち……と思います」「彼らは……と言っています」「……と思いませんか？」といったお決まりの言葉を使わずに，メッセージの所有者を明確にするのです。ほんの少し言葉を変えることで，かなりのメッセージは明確さと正確さが増します。そして，ケアがもっと楽になるでしょう。

質問すること

　質問には，開かれた質問と閉ざされた質問があります。すなわち，「はい」または「いいえ」で答えられない質問（開かれた質問）で，尋ねることが望ましいのです。開かれた質問の例としては，「今日，医者と会ってきてどうでしたか？」があります（「今日，医者と会ってよい結果が得られましたか？」で

第5章　あなたの人生をより楽にする方法

はありません)。「何」または「どのように」で始まる文章は，綿密に仕上がり，内容を明確にしてくれます。たとえばこうです。「今日，医師のところに行くのにバスに乗ったのはどんな感じでしたか？」。それに対して，閉ざされた質問の例はこうです。「あなたは，彼が言ったことの何にそんなに怒っているのですか？」。ここまでに説明してきた直接的で率直に話す場合には，いくつかの危険を伴います。下手をすると率直に話すことで，コミュニケーションが断絶してしまうかもしれないのです。逆に，コミュニケーションがさらに進展するかもしれません。以下の指針が，建設的な対話のために役立つでしょう。

・ケアを受ける人が自ら提案してくれるのがいちばんよい方法です。ケアを受ける人の心構えができていないと，抵抗または憤慨を引き起こす危険があります。一方，時にはあなたも悩みを打ち明けてさっぱりする必要があります。

　　たとえば，食事時間を誤解している先の例を続けましょう。「私たちは食事時間について話し，そのことをはっきりさせていたと思ったけれども，食事を出すときにあなたは食べに来ませんでした。食事は冷たくなり，あなたは天に向かって文句を言っていました。あなたがわざと時間どおりに食事に来なかったことに，私はますますイライラしました。私たちはもっとこの問題について話し合う必要があると思います。そうすれば理解し合えると思います。同意してもらえますか」とケアを受ける人に言えるかもしれません。(このフィードバックのあとに，コミュニケーションの扉が開いたままになることが望ましいのです。相手を見下したり，こらしめられると感じさせない口調で，ケアを受ける人に立ち向かうことも望まれます。ケアを受ける人が希望する食事時間と，あなたの柔軟性と自発性の妥協点を探ることも1つの方法です。)
・1人の人間として評価するというよりも，ケアを受ける人の行動についての意見というかたちでフィードバックまたは提案をしてください。(先の例では，評価ではなくケアギヴァーとしての意見であったことに注意してください。ケアを受ける人を，役立たずで，無神経で，非協力的な面倒を起こす人，と決めつけてはいけません。)

- ケアを受ける人は変わることのできる能力をもっていると仮定して，行動についてのよりよい考えを提案してください。（先の例で重度の認知症（痴呆症）ではないと仮定したら，その人は告知された時間に食事に来る能力があります。）
- 少しの提案をしてください。そうすれば，ケアを受ける人はより好意的に聞いてくれ，負担がかかることもありません。あなたがイライラして，その人が食事に遅れてきて食べ物にケチをつけるだけでなく，寝室の床のいたる所に汚れた服を散らかしたり，浴室で顔のローションをこぼしたり，トイレの水を流さない，とここで言及しても意味がありません。こういった退屈な話は一時的に敵意を減らせるかもしれませんが，結局蓄積された不満の束ではその人の行動を変えられないだろうし，下手をすると相手の抵抗を増大させてしまうかもしれません。
- 意見を言うときは，現在の行動について即座に言うほうがいいでしょう。先週からまだ始められていない仕事について話すのは無意味です。
- ケアを受ける人に，あなたの考えに対する反応を聴いてください。その人はあなたの考えについてどう考えていましたか？　その人の意見は役に立ちましたか。そのことについてもっと突っ込んで話をしたがっていませんか？

助言すること，それは助けになるでしょうか？

　助言は，時には助けになります。お互いを知っていて，信頼する人々の間で，個人的な経験または特別な知識から助言をすることはふつうのことですが，注意しつつ助言することが大切です。助言をする際に注意する理由は，それがしばしば悪い結果となって，助言をする人の権威で騙されやすい人を誤解させてしまうことがあるからです。助言はまた，その助言する人との依存関係をつくります。意見に基づいた助言を与えることは，事実の情報を与えることとよく混同されます。「私があなただったら，……」という助言は疑わしいものです。ケアを受ける人の要望というよりも，しばしば助言をする人の要望，問題，価値感を反映するからです。

　しかし，信用関係がある場合には愛する人と，経験と知識を自信をもって共

有することができます。あなたはケアを受ける人のことをたぶんとてもよく知っているでしょう。したがって助言が役立っていないようならば，ケアを受ける人が助言を拒絶できるくらい十分に柔軟性があるかどうかを話す必要があります。

　情報を与える，または助言をするかどうかを迷っているならば，以下の質問に答えてみてください。たとえばあなたは医療，心理学の知識，子どもの養育，またはケアの経験で，信頼できる専門家として認知されていますか？　他者から専門的技術があると認められることで，信頼と信用を築けますか？　助言する役割をどのように感じますか？　あなたが助言を受けたとき，どのように感じますか？　助言は，いつあなたの役に立ちましたか？　助言をすることが有用であることに疑問をもっていますか？　用心して意見を述べていますか？

　ケアを受ける人への行動方針について，決定を残して提案する場合がありますか？　一方で，危機状況において，ケアを受ける人が自分の幸せに影響を与えることについて意思決定できない場合には，強い意志をもって助言する必要があります。例としては，入院の後や，ケアを受ける人が重大な健康危機を経験しているときに，家族を再調整することがあります。

第7節　そう，あなたは人生をもっと楽にすることができるのです

　さまざまな問題解決の方法をもつことと，ケアを受ける人とのよいコミュニケーションが，あなたの人生をより楽にしてくれるに違いありません。この章の中で説明した技術は，愛情，受容，忍耐，および同情に適用できます。数か月後または数年後に，ケアの欲求不満であなたの忍耐力が薄くすり減り，「同情疲労」が起こりうるとはっきり予測できます。このようなストレスでいっぱいになった状況下では，あなたのコミュニケーションと問題解決の技術が低下してしまうでしょう。そんなとき，この章で焦点を当てた技術が，あなたのケア活動を楽にするだけでなく，さらに効果的で価値があるものにするきっかけになれば幸いです。

　次の3つの章では，ケアにおける悲嘆，落ち込み，怒り，心配，罪悪感，と

いった感情を説明します。そして，これらの感情をコントロールするための効果的な指針を示しましょう。

引用文献

1. Robert Pirsig, *Zen and the Art of Motorcycle Maintenance* (New York: Morrow, 1974).
2. Eugene Gendlin, *Focusing* (New York: Everest House, 1978).
3. Maggie Kuhn, *Maggie Kuhn on Aging* (Philadelphia: Westminster, 1979).

第3部
困難な感情との直面

第6章 悲嘆を乗り越える旅

大切な人を亡くしたばかりの人はアヒルに似ている
―表面上は平然としているようだが，
　　水面下では必死にもがいているのだ―

匿名

　ケアの第一線にいるあなたが知っているように，ケアギヴァーは激しい感情をたくさん経験します。この章および次の2つの章では，ストレスが多い感情の中でも最も一般的なものへの，よい対処の仕方についてお話しします。それらのストレスとは，悲嘆，孤独，悲しみ，罪悪感，恐れや怒りです。

　今のあなたの生活が，たとえ感情面にかなり安定したものだとしても，いつかは辛さを伴うこういった感情に直面することになるのです。次にあげる私たちの調査に協力してくれたケアギヴァーのエバがケアで置かれている状態は，いかに急速にものごとがうまくいかなくなってしまうかを示すよい例です。

> 　エバは年老いた母親と，身体障害が理由で退職した夫をケアしました。2年間はすべてうまくいきました。エバは満足感を得ながら効率的に，ケア責任を果たすことができたのです。その後まもなく，母親の健康状態が身体的にも精神的にも悪化して，ほとんど常時，ケアを必要とする状態になりました。夫もまた，ほぼ自分の面倒は自分で見れる状態にあるにもかかわらず，エバに世話を求めてくることが多くなってきました。しかし外部からの援助を得る経済的余裕はありませんでした。
> 　エバは，自分の自由を奪い孤独感を増やす結果を招いた責任の増加に憤りを感じました。彼女は怒りを覚え，その怒りに対して罪悪感を感じ，そして家族の将来を心配しました。彼女は自分の悲しみの増加が，おそらく母親に対する初期の心の痛みに関係があるだろうということに気づいていました。また，エバ自身，関節炎の再発と睡眠の悩みを抱えて，いらだっていました。そして，彼女はとっくに彼女の性的満足を得ることをあきらめていました。支援グループから支援を受けるにつれて，彼女は自分の感情的，身体的問題についてすぐに何かをしなければならないということを自覚するようになりました。

第1節 悲嘆

　人はすべて悲嘆を体験します。それは重大な喪失に対する身体の，精神の，そして感情の，正常な反応です。それは死によって関係が喪失するときに最もよく表われます。さらに離婚，失業，健康悪化，大切な所有物や信念を失った場合にも表われます。悲嘆とは痛みを伴った感情です。悲哀とは痛みを癒す過程です。それはつらい過去を放棄して，有望な将来をつかむプロセスです。
　コーピング（対処の仕方）についての章でお話ししたように，ふだんとは徹底的に異なった反応を求められるような人生における突然の変化が，悲嘆の中へとあなたを推し進めるのです。耐えがたい喪失に悲哀を感じることが特に苦しいのは，あなたが用いるべき経験のパターンをもっていないからなのです。別れの辛さ，身をこがすような悲しみ，苦しい罪悪感，激しい自己非難，発作的なすすり泣きと痛み，激しい恋しさ，訳がわからない怒り，失望させるような無力感，ひどい絶望と自暴自棄など，どれだけあげてみてもそれらを十分に説明する言葉は見あたりません。
　生活における変化というのは頻繁に起きることなので，おそらくあなたは多かれ少なかれほとんど常に悲しみとつき合うことになります。あなたはいちばん最近，自動車のキーをなくしたとき，あるいは置き忘れたときのことを覚えていますか？　そのときの苦しみ，いらだち，無力感を思い出してみてください。特に精神状態が悪かったときのことを。
　また，自分がいちばん最近，悲嘆にくれたときの経験を思い出してみてください。無感覚，うつ状態，睡眠および食欲の障害，弱々しさ，活力の乏しさ，息切れ，短気，心配，集中障害，自分自身の切迫した死の恐怖，死んだ人のイメージを思い出すこと，などです。あなたはおそらく，悲嘆が深い痛み，切望，

あるいは飽くなき恋しさであることを体で知ったはずです。胸、喉や頭が締めつけられるような気がしたでしょう。胃は痙攣を起こし、そして筋肉はぐったりしたでしょう。

> 80歳のジョセフィンは夫のケアをした経験について次のように述べました。彼女の夫は発作によって障害を負っていました。
> 「私はこの役割に対する準備ができていませんでした。長命はいいことずくめではありません。夫の世話をすることは、死んだ人といるようなものです。私は30年前に死んだ息子に、まだ悲嘆を感じています。私は夫の家族の近くにいようと思い、アラスカに引っ越したのですが、彼らは喜んでいません」。
> ジョセフィンは常に意気消沈していました。そして自分を哀れに思い、だんだんと1人でいるようになりました。彼女は集中力の欠如と睡眠障害を訴えています。日々の生活の中に彼女の楽しみはほとんどありません。彼女は教会に通い、悲嘆へのおもな対処方法として、そして唯一の小休止として、定期的に支援グループに参加しています。

ジョセフィンが述べているように、喪失の初期の麻痺させるような衝撃および混乱が静まったあと、悲嘆にくれる人はたいてい感情に埋め尽くされます。人がこれらの感情を振り切れる場合、そこにはたいてい悲嘆の意義への追求が存在します。つまり「どうして」という疑問で頭がいっぱいになるのです。たとえば、「どうして私なの？」「どうして神様は私にこんなことをなさるの？」といったふうにです。時には、慰めとなる答えが出ることもあります。たとえば、C.S.ルイス（C.S.Lewis）は悲嘆とは愛に対しての代償である、と説明しています。愛すれば愛するほど、その愛を失ったときの傷は深いのです。

死の現実とともに生きる

ケアされる人は絶えず死の気配を感じながら生きているので、自分も死ぬ運命にあるということを常に考えながら生活しています。

それゆえ、死に対して現実的で安らかなとらえ方ができるようになること、そして悲哀のプロセスを学ぶこともセルフケアに含まれます。私たち人間に共通した運命を認識し、受け入れることで仲間意識が育まれ、死を辛くても優しく生活の一部としてみることができるようになるのです。シャーウィン・ヌーランド（Sherwin Nuland）は著書『*How We Die*（私たちはどのように死ぬか）』

で，自分自身の差し迫った死に気づいているときに，愛する人たちと精神的な親交と人生の最後を共有することができることに言及しています[★1]。

共有される痛みと孤独

私たちが調査したケアギヴァーの中で，人生で得たものを配偶者のケアに快く注いだ女性がいました。彼女の孤独感がどのようなものだったかを尋ねたところ，彼女は次のように答えました。

> 「いっしょにさえいられれば，病気の悲しみにもかかわらず，どんな犠牲も大したことはありませんでした。それどころか実際，ケアの忙しさは私を孤独感と悲嘆から救ってくれました。友人たちをディナーに招待することが，孤独の歯止めになってくれました。でも夫の状態が悪化するにつれ，この方法は効かなくなったのです」。

その後，彼女はどうしたでしょうか？

> 「介護の負担が大きくなりすぎてきたころ，彼をナーシングホームに入れたのです。こうして彼の世話役という役割を奪われた私は，深い孤独感を感じるようになりました。私は本当に見捨てられたように感じたのです。離れて暮らし始めたその翌年は，私にとって悲嘆にくれた１年となりました。そうこうするうちに，愛する人の心と体は私の目の前でゆっくりと死んでいったのです」。

この悲しいときに彼女を最も救ってくれたのは何だったでしょうか？

> 「この苦しみを取り除くことは誰にもできないのだと悟ったのですが，人と分かち合うことによって私は楽になれたのです。また，この時期に私は自分の死に対しても真っ向から向き合ったといえます。自分の精神的な強さを引き出し，そして支援グループの友人たちの中に救いとなるような親近感を見いだすことによって，私は自分自身を孤独と悲嘆から引っ張り出すことができました」。

また，死にゆく妻との会話を日記に綴り，死の現実と向き合った教授もいます。この記録は後に，倫理に関する本の基礎になりました。夫とともに死について書き記し，オープンに語り合うことで，妻は最期のときを尊厳をもって受け入れ，向き合うことができたのです。死についての彼の話には，現在や過去の有意義な生活についての話が織り交ぜられていました。

悲哀のプロセスを通しての旅

　この癒しのプロセスへ向かうのに明確な道筋はないのですが，たいていの場合は同じ経過をたどります。最近の研究によれば，悲哀には多くのパターンおよび道筋があることがわかっています。その中でも25％の人は，悲哀が1年未満ですむ程度の緩やかなものだそうです[★2]。とはいえ，ほとんどの人がまず最初にショックで硬直し，その後，先に述べた滝のような苦しみに襲われます。悲哀の過程の中盤は悲しみで埋め尽くされ，その後たいてい絶望やうつ状態へと移行していきます。この落ち込みの段階が，重要な回復時期になることがあります。亡くなった人やそれにまつわる物への思いから離れ，しばしすべての責任から解放され，自分を豊かにすることに集中してください。

　この悲哀のプロセスは，さらなる希望，回復，楽観，そして新たな目標や計画に向かって，たいていゆっくりと上昇を始めます。悲哀を感じる人はこの苦しい経験が終わりを迎え，その結果，自分が以前より強い人間になるであろうことに気づくのです。

　もしあなたが今，悲嘆にくれているなら，この悲哀のプロセスについての知識が喪失を受け入れるのを速め，痛みに直面する勇気を増し，そして正常な治療プロセスへの手助けとなってくれるでしょう。人生の重要な問題に，気持ちを集中せざるを得ないときがいつかやってくるのです。もう一度ビクター・フランクル（Victor Frankl）の強制収容所での体験を思い出してください。彼が自己の苦悩そして彼を取り囲む苦悩や死の中で，勇気と意義とを見いだしたことを。また，南米の小説家イザベル・アレンデ（Isabel Allende）の例も，私たちに勇気を与えてくれます。彼女は娘が1年間昏睡状態に陥っている間に，愛情に満ちたありのままの体験記『*Paula*』を執筆しました。娘の悲劇を語っているうちに，イザベルは絶望から這いあがり，心の傷を癒したのです[★3]。

第2節　何が悲哀をむずかしくするのか？

不健康な家族態度

　ケアギヴァーの中には，愛する人の死における悲哀を特別に辛く感じ，悲哀

のプロセスの悲しみの段階で「身動きがとれなく」なってしまう人がいます。これは対処能力が未熟だったり，死に対する家族の態度がうしろ向きだったりする場合です。死についてのタブーと態度は変わってきつつありますが，それでも多くの人々が死を考えることを怖がります。そして遠まわしに他界，出発，逝去，喪失，最期の休息，永遠の床につくなどと言うのです。

> インタビューに答えてくれたロージーは，自分の対処能力の乏しさ，自尊心の低さ，怒りの負荷がケアという仕事の妨げだったと言いました。彼女は，家族がいまだに引きずっている悲嘆と希薄な家族関係について次のように語りました。「私にはケアギヴァーとしての力はありません…。母といっしょにこの境遇に閉じ込められたような気がします」。

ロージーの場合，自分がケアギヴァーに不適切だということに気づいていること，そして「もっと強い人間になる」ことを望んでいることの2つは本人にとってよい兆候だといえます。

ある種の特殊な人たちに対して家族が否定的な態度をとる場合，悲哀のプロセスは複雑になります。たとえば，同性愛の家族メンバーは受け入れられないかもしれません。妾の死，子どもの離婚，妊娠中絶，あるいは家族の自殺が，悲嘆を妨げる理由になることもあります。なぜなら身近な家族は，それらを，容認できないほど逸脱した人のふるまいだと考えるからです。

アルコールあるいは他の薬の乱用

＊アルコールの問題　　アルコールの乱用と薬物治療との間で起きる有害な相互作用は，ケアを受ける人同様に，ケアギヴァーにとってもむずかしい問題です。過度にアルコールを飲むことは，ケアギヴァーの悲哀を複雑なものにしてしまうのです。統計によって差はあるものの，アルコール問題がある年長の成人は，全体の2％から10％の間とのことです★4。年長者の飲酒が若い乱用者ほど目につかないことから，過小診断，過小評価され

ている，と推測されます。

　アルコールを飲むことによってうつ状態の感情を緩和しようとすることは，実際は状況をもっと悪くするだけです。年長の成人による慢性的な過度のアルコール摂取は，若い人よりも深刻な影響を体に及ぼします★5。たとえば，アルコールは若い人よりも年長の人のほうが体内により急速に吸収されるのです。過度のアルコールがもたらす影響については，ご承知のとおりです。

＊アルコールのコントロール　　ケアを受ける人と同様に，ケアギヴァーのアルコール摂取の課題は，どれだけが適量かを知るということです。変化，喪失，孤独を経験したとき，人はアルコールに走りやすくなります。あまり飲まない人や，禁酒家ですらそうなります。ですからケアギヴァーとして，あなたはそういったときには特に用心しましょう。

　あなたが携わっているケアの現場でアルコールがもし問題となっているのなら――それがあなた自身であれ，患者のほうであれ――あなたがすべきことはアルコール摂取を抑え，また特にアルコールに影響を受けるような薬物治療を受けている場合は完全にこれをやめることです★6。また睡眠障害，落ち着きのなさ，不安，イライラ，または身体的兆候などを感じた場合もまた，アルコールをやめるべきです。

＊対処方法　　あなたあるいは患者がすでにアルコールを乱用していて，治療が必要ならば，アルコール中毒者更生会（AA）などのいくつかのコミュニティ治療手段がどの電話帳にも掲載されています。60歳以上のアルコール中毒患者で治療を受けている人は，わずか15％と推測されますが，これはおそらく，年長者のための特別の治療プログラムがめったにないからでしょう★7。そうなると，最良の手段はAAの自助プログラム，または大きな都市にあるHazelton財団のセンターとなります。強い薬物の使用については，治療関係名簿に掲載されている専門家の指導が必要です。

悲哀における未解決の問題

　家族とケアを受けている人の間に決着のついていない感情的な問題が入り込むと，悲哀はまた複雑になる場合があります。こういった未解決の感情的問題は，非難やケアギヴァーに対する陰口として表面化してきます。誰にとっても

つらいことではありますが，こういったやっかいなことをやり残しているのなら，すぐに家族で話し合って片づけなければなりません。そうすることで，何年もの間横たわっていた緊迫感と憤りが解消するのです。ほとんどの場合は，未解決の問題に取り組むことで，人の心に宿ったわだかまり，内に秘めた心の傷，無言のねたみや嫉妬は洗い流されます。こうすることで，対立していた人と仲直りさせ，彼らの関係を引き続き改善できます。

孤独感が数か月あるいは何年ものケアによって蓄積されると，悲哀のプロセスをいっそうむずかしいものにします。孤独感のもつ深くて慰めようのない痛みは言葉では表わせません。ケアギヴァーの1人がこの空虚な気持ちを強く訴えました。「けっして痛みが消えることはありません。私は1日中その痛みを感じているのです」。ケアギヴァーはこの空虚な気持ちを満たす方法を，それぞれ自分なりに捜さなくてはなりません。支援グループなども助けになるはずです。あなたが他の人たちに手を貸しているとき，孤独は大きな問題にはなりません。ペットを飼うことも助けになるでしょう。

忘れられている悲哀を感じる人たち

私たちケアギヴァーは，ケアしていた相手が死ぬことによって影響を受けている他のケアギヴァーのことも考えなくてはなりません。私たちがおもなケアギヴァーとして深く患者と関係しているとしても，当然，家族，牧師，医者と看護婦のような第二のケアギヴァーもいるのです。さらに目立ちにくいのですが，あなたや患者の身近にはいなくても，かかわりがあってそれぞれの方法で悲哀を感じている人たち——たとえば友人，隣人，新聞配達員，郵便局員，地域団体や親睦団体のメンバー——などがいます。

> インタビューに答えてくれた未亡人のメアリーは，彼女が悲嘆にくれているときに，金銭的なこまかいことについて相談に乗ってくれた人たちから，信頼や思いやり，そして理解を感じました。年金，銀行関係，および社会保障の細部に関して彼女の手助けをする一方で，彼らは同じく彼女の悲哀を分かち合い，そして彼女が上手に彼女の問題を処理していると言って安心させてくれました。それだけではなく，彼らはこのデリケートな時期に邪魔をしたと詫びさえもしたのです。

第3節　予期された悲嘆と遅れてやってくる悲嘆

　ケアギヴァーは，配偶者の実際の死のずっと前から嘆き悲しんでいます。キャサリンの体験は，この予期悲哀の過程を具体的に説明してくれます。

> 　キャサリンは病気の夫を世話していました。夫は3年以上にわたってひどい発作が続き，衰弱していました。発作は夫の体に記憶力の低下，自己認識の低下，制御機能の低下，および性の機能の喪失などさまざまな変化を引き起こしていました。夫の体調が劇的に低下したことで，キャサリンは彼がもうあまり長くないことに気づいていました。夫は身体の動きと精神的な機能を失い，またキャサリンは夫との仲間意識と親密な関係を失い，予期悲嘆にくれました。彼女には悲しみ，イライラ，および身体の障害などのうつ状態といえる症状が出ていました。彼女は自分の夫が死亡することを願っていると述べ，自分の気持ちを「感情の起伏が激しい状態にある」と説明しました。キャサリンの3年にわたる献身的なケアの末に夫が死んだとき，彼女は夫の死をめぐって安堵と悲しみを代わる代わる感じました。こうした入り混じった気持ちの一方で，彼女は冷静に，そして自信をもって自分の将来について計画を立て始めたのです。

　キャサリンは一見，事前の3年間で彼女が味わうべき深い悲嘆をほぼ完了したかに見えました。あなたが彼女と同様の状況にいると感じているのなら，「遅れてやってくる悲嘆」と呼ばれるものに用心したほうがいいでしょう。この用語が示唆するように，これは数週間または数か月後，ちょうどあなたがハードルは越えたと思うころに現われる悲嘆です。それは，まだ標準的な治療のプロセスが完了していないというサインです。

　後日，感情や悲嘆の徴候が再発するのはふつうのことです。しかしそれらは，あなたが過去の苦痛や喪失から離別するという悲哀のプロセスをきちんと完了する必要があるという手がかりを，あなたに与えてくれているのです。

第4節　悲嘆をどう処理するか

ケアをしている人の差し迫った死への反応

　先に述べた予期悲哀のための提案に加えて，次のような指針や問いかけも役

に立つと思います。

①家族が集まる計画を立ててください。
②あなたがケアしている亡くなりそうな人と，ごく近しい親族の姿をはっきりと思い浮かべておいてください。言葉や感情をオープンにできる雰囲気はありますか？　あなたは彼らがお互いに何を言い合うことを望みますか？　あなたはどのようであれば，この集まりが満足いく状態で展開していると考えますか？
③あなたの家族，あるいはケアを受ける人の家族とあなたの悲嘆を共有してください。あなた自身と彼らに対して，予期悲哀は痛みを伴うものの，正常なプロセスであると言って安心させてください。
④あなたは，患者や患者の家族との間にどんな感情的問題が未解決のまま残っていると感じますか？　解決方法，和解や結末がどのようになると想像しますか？　もし話し合ったら彼らを怒らせるような，ひどくまずいことはありますか？　これらの話題に，あなたならどう対処しますか？
⑤あなたがケアしている人が完全に最後の日々をまっとうすることができるように，あなたが最期の日々をどうしてあげればよいかを考えてみてください。現在の患者の状態で，精神的な満足度を最大にするためには何ができるでしょうか？　死ぬことについて患者が語ろうとする欲求をはぐらかすことをせずに，どうしたら，患者が最後の日々をいかに豊かに過ごすか——笑顔で，喜びや悲しみに涙しながら，思い出を語るのを楽しんだり，愛情を込めてお互いに触れ合ったりして——を考えることに専念できるのでしょうか？

積み重なった喪失が悲哀を深くする

　ケアギヴァーの予期悲嘆の一因となるものとして，失業，収入の減少，親交や親密さの喪失，そして最後にあらゆる有意義なコミュニケーションの喪失，があげられます。調査に協力してくれたケアギヴァーの1人，アリスも次のように言っていました。

> 「最も打撃を受けたのは，あらゆるコミュニケーションの喪失でした」。

自由の喪失にうまく対処すること

「行動の自由と社会からの刺激を失うことは，ケアギヴァーにとって極度につらいことである」と，調査でのケアギヴァーから報告されています。ケアのための一時的な束縛に順応することはとても簡単です。しかし期間が延びると，個人的，社会的，性的な独自性の喪失をももたらします。ケアギヴァーの中には，「まるで囚人のようだった」と報告した人がいます。彼女は「監獄の中の窓」を捜し求めて，多くの時間を費やした結果，自分の空間を開拓することによって監獄から逃れました。

この自由の喪失というテーマについては，前向きな意見もあります。以下に，そんなケアギヴァーたちの話を紹介しましょう。

> ドリスは病気の夫が眠ったり，あるいはＴＶを見ているときに，台所に行ってドアを閉じて音楽を聞いたり，読書したり，あるいはただ考えごとをしたり，いたずら書きなどをして時間を過ごしました。

> デボラは，自宅マンションに自分だけの「巣」をつくって監獄の中の「窓」を創り出しました。彼女は成長した息子の寝室を，自分の静かな私的空間へと変えました。その後も彼女が話し合いによって車椅子の夫との関係を変えていくにつれ，この場所はより大きな窓へと成長しました。夫は彼女なしで，より多くの時間を過ごさなければならなくなったでしょう。彼女はその部屋を装飾し直して新しい家具・備品を備え付け，自分の個人的な聖域にしました。

> ルイーズはドールハウスの製作や，その中の家具を備え付ける趣味をもっています。彼女が生活をコントロールができなくなったときに，この趣味が彼女を幻想の世界に引き込んでくれるのです。

> アリダは夫にケアする人が来てくれるようになったときに，映画，博物館，買い物や公園内を散歩をするために土曜日を休みにすると決めました。最初，夫は彼女がいないことに憤慨しました。しかし彼女は家から離れて休憩時間をとることで，よりよいケアギヴァーになれるということを夫に伝え続けたのです。

> メアリーはどうすれば彼女の助けになれるかと聞いてきてくれた友人たちを家に招いて，休みなく続くケアの仕事から逃れられるように，彼女のために１時間ほどつき合ってもらうことにしました。彼女はこうして自分の空間をつくったのです。

> パーキンソン病で苦しんでいる夫のために長期のケアをしているルーシーは，強烈に自分が囚人のように感じていました。彼女は裁縫が好きでしたが，問題解決型＝修理大好き人間の夫は，自分の工具や未完成の作業の壊れたパーツを家中，特に彼女の裁縫場にぶちまけて彼女をイライラさせていました。夫はそれらをどう修理，もしくは組み立て直したらよいのかが思い出せず，その後片づけもしませんでした。冷蔵庫の中に工具類を見つけたことが，ルーシーにとっての引き金となりました。すぐに友人たちと話し合い，夫のために修理専用の部屋をつくりました。そこで彼が好きなようにいじくりまわしたり，ちらかしたりできるようにしたのです。その代わり彼女は，自分の裁縫室は彼の区域外であることを宣言しました。

> ジャネットは独身で働いていますが，彼女は南部から90歳の両親を連れてきました。両親ともに歩行に問題はありませんでした。父親のほうは精神状態もよかったのですが，母親は偏執病的，そしてうつ状態で，ジャネットへの要求は増えるばかりでした。結果的に，ジャネットのほうが両親の親の役割を担うようになりました。彼女は野菜を育てる近くのエンドウ畑に自由を見いだしました。彼女は収穫物を地元のフードバンクに提供しています。その後，彼女はますます地元の政治活動にも参加するようになり，今ではゴルフ場の土地侵略からエンドウ畑を守ろうとしています。

これらのケアギヴァーはみな，それぞれの監獄から逃れるために独力で断固とした行動をとりました。それぞれの自助回避策は単純なものでした。けれども私たちの経験からすると，ケアギヴァーの多くが，こういった監獄に窓を開けるための確かな一歩をまだ踏み出そうとしてはいないのです。もしあなたがこのように監獄にいると感じているのなら，これまで述べたような例が，あなたを脱出へと導く勇気を与えてくれることは間違いありません。支援グループのアイデアやサポートを役立ててください。

第5節　悲嘆に対する手段

愛と共有

愛の表現と受容は，なぐさめと治癒のための最も重要な手段です。このテーマで，先のケアギヴァーへのインタビューを続けて紹介しましょう。

インタビュアー：あなたの家族において愛は重要な要素でした。このテーマであなたの考えを話してください。

ケアギヴァー：「私にとって愛は，夫の死によって突如なくなるものではなく，むしろ私が希望を引き出す源になりました。私たちの関係は創造的で相互依存的なもので，お互いに補し合っていました。その愛は，私が以前に述べた孤独のすき間を満たすために何度も表われてくれました。そして物を書くことが私を精神的に浄化してくれました。日記にケア体験や愛する人の死を記すことによって，その愛を不滅のものとすることができたのです。

インタビュアー：あなたたちはほかにもさまざまな活動をともにして，親しい関係を続けていましたね。それらはどんなものだったのですか？。

ケアギヴァー：私たちにとって音楽は共通の喜びの源で，2人をほっとさせてくれました。私は毎晩ピアノを弾いたり，歌ったりして，ピアノ療法をしたことを思い出します。歌詞はすべて覚えていたわけではなかったのですが，メロディーが愛する人の瞳を即座に輝かせたのです。もう今では歌うことはないけれども，メロディーはよみがえります。いま私は，独りでいるときに以前2人でいっしょにしたように，リラックスするテープを聞いて，心の中の静けさを呼び起こすのが好きです。また，私たちはよくいっしょに詩を読みました。私たちのお気に入りの1つは，カイル・ギブラン（Kahil Gibran）の『予言者（The Prophet）』からのものでした。私たちの喜びはあなたが悲しみを見せてくれることである。あなたの笑い声の源は，かつてあなたの涙でしばしば満たされていた[8]。

インタビュアー：あなたは，彼とともに過ごしたときの絵や写真をたくさん持っていましたね。

ケアギヴァー：はい，私は長い間家系学に興味をもっていたので，家族記録を何冊もつくっていました。私は毎日その記録を，愛する人の気晴らしと楽しみのために使っていました。彼は，自分の生活に対する興味を維持するために奮闘していました。見慣れた顔を見つけるたびに，新たな嬉しい発見のように喜んでいました。

特別な支援グループ

悲嘆にくれるケアギヴァーにとって，支援グループは，もう1つのきわめて重要なよりどころです。このようなグループのありがたい力は，悲嘆を互いに分かち合い，その結果としてなぐさめと希望が生まれることです。自分が1人ではないと悟ることは，寂しさや孤立や絶望の思いを和らげてくれます。

第6章 悲嘆を乗り越える旅

> ルシンダは他人の悲嘆を聞いているうちに，自分の悲嘆がもはやそうひどいものではないと感じられるようになりました。自分の体験を他人のものと比べることによって，彼女は重荷に感じていた自分のケアの負担を軽くすることができたのです。

治癒儀式

儀式は，慰め，救い，終結，をもたらしてくれます。先に引用したケアギヴァーの家族が行なった終結の儀式は，家族の救い（癒し）と別れに重要な役割を果たしました。彼女がこの親密な家族経験を語ってくれたことは，きっとあなたの役に立つでしょう。

> **ケアギヴァー**：私たちの終結の儀式は，愛する人の死に際し，慰めの手段でした。それは病院のホスピス病棟で始まりました。まず家族が夫の枕許に集まりました。夫であり父親である彼を，家族がともに撫で，ともに泣き，彼が逝くことを許すがごとく，さようならを言いました。こうすることで，私たちはともに癒されました。その後，看護スタッフと心理アドバイザーが同席して，私たちが悲嘆にうまく対処できるような強さをたくさん与えてくれました。
>
> 　終結の儀式は，私たちが感謝の祈りの礼拝を地元の教会で執り行なうようにしたので，引き続きそこで行なわれました。子どもたちは彼の回顧録を書いて彼をたたえました。家族，友人，牧師の奉仕，信仰の仲間といっしょに悲嘆の時を過ごせたことで，別れと孤独の辛さが和らぎました。再会の集いの礼拝で，友人たちと家族一同の主題は人生に多くを貢献した人への祝福でした。こうした儀式のあとで，私たちは終焉の感を強くもちました。その後，私が１人きりになったときにいただいた厚意と弔意に対して，直接お礼の手紙を書くという単純な作業をしましたが，それも私の心を癒してくれました。

儀式が多くのケアギヴァーに役立つ一方で，儀式によって誰でも早く悲嘆が解決するとはかぎりません。この点については，配偶者のケアギヴァーであるリリーのケースが具体的な例となるでしょう。

> リリーの唯一の願望は「できるだけ早くそれを終わらせたい」ということでした。彼女は悲嘆の兆候を公然と示しませんでしたし，彼女は家族で行なう儀式を希望しませんでした。彼女が悲嘆を引きのばしたり，拒否したりすることで，未解決な遅滞した悲嘆を積み重ねてしまうことは明らかでした。彼女は現在，支援グループに支えられながらこの遅滞した悲嘆にうまく対処しようとしています。

悲嘆を処理するためのガイドライン

①あなたが悲しくて，孤独で，イライラして，落ち着かなくて，そして自分自身を気の毒に思う落ち込んだ期間に，自己を育て大切にする材料を増やしてください。

②あなた自身に対して，辛抱強く，そして優しくあってください。自分がしたことやすべきだったと思うことについて，自分を非難したり責めたりしないでください。あなたはそのとき最善を尽くしたのだと，自分に言い聞かせてください。

③あなたという存在の精神的な部分を育んでください。

④あなたの悲嘆の感情を受け入れてください。存在を否定しないでください。身体からのメッセージ，たとえば胃の痛み，胸の苦しみ，筋肉の張りなどに耳を傾け，それに答えてあげてください。身体に共感し，思いやりをもって，話しかけてください。

⑤寂しさの合間でも，ほほ笑むチャンスを捜してください。このつらい状況でも楽天的でありながら，ユーモアを見いだすように努めてください。両方の乳房切除の手術を受けて入院しているの友人を見舞った女性の例をお話ししましょう。この重大な喪失で，たくさんの悲嘆に遭遇することを予期していたその女性は，ほほ笑みながら語る友人の言葉に驚きました。「今，私は有利になったのよ」「どういうこと？」と見舞った彼女は尋ねました。「山あり谷ありと言うけれど，私は谷（胸の谷間）がなくなってしまって，かえってさっぱりしたわ」[★9]。

⑥あなたの考えや気持ちを日記や友人への手紙，あるいは故人や他の家族への手紙に書いてください。

⑦悲嘆の自助グループに入ってください。

⑧遠慮なく，抱き合ったり，手を握り合ったり，泣いたり，そして物を投げたりしてください。

⑨ほかの人たちがどのようにして悲嘆にうまく対応したかを書いた本を読んでください。デイビッド・トレットウェイ（David Tredway）の『*A Therapist Confronts His Own Grief.*（セラピストが自分自身の悲嘆に立ち向かう）』がよいでしょう。この本は，彼が自分の母親のうつ状態と自殺を受け

入れるまでのいきさつについて描かれた，愛情に溢れた心温まる物語です。本の中で彼は，自分自身の空虚な気持ち，回避行動と静かな絶望を鋭く描写しています。それは彼自身の受容と癒しの物語で，自分たちの未解決の悲嘆と戦っているケアギヴァーたちを励ましてくれるでしょう★10。

⑩最近あなたに起こった前向きな，そして報われるようなことをすべて思い起こしてください。そして，どうしたらそれをもっと強固なものにできるか，自分自身に問いかけてください。楽観的でいる技術は習得が可能であり，うつ状態を解決するのに役立ちます★11。

⑪逆に，あなたのケアの仕事のマイナス面，あるいはひどくつらい面を認識してそれらを最小にするか，排除するよう心がけてください。

⑫何か楽しいことをする計画を立ててください。たとえば髪を手入れする，大好きな食物を食べる，温水で入浴をする，マッサージをする，あるいはおもしろいビデオを借りる，などです。

⑬大好きな詩歌，音楽，ギャラリーへの旅，森の中の散歩，宗教的な文学を読むなど，あなたの心をいちばん満たしてくれる趣味にどっぷりつかってください。

⑭健康に十分注意を払ってください。うつの感情をコントロールするために，運動は重要です。

⑮あなたの支援ネットワークの中で信頼できる友人たちと話をしてください。彼らにあなたの疑念，心配事やフラストレーションを話してください。

⑯何もしない時間をとってください。これは癒しの時間ですから旅行，療養所および大学入学のような精力的な計画をつくってはなりません。まずは，これまでのしがらみから逃れやすくなるように時間を使ってください。

　しばらくの間，あなた自身を育てることに集中してください。よい本，好きな音楽，友だちとの遊びや外食などがいいでしょう。必要なら1人でいてもかまいません。アフリカのキクユ族は「肉体に魂を取り戻すために」周期的に藪の中・奥地に入っていく習慣をもっています。あなたにも心を取り戻すための時間が必要なのです。

⑰心に描いたあなたの近い将来の生活がどんなふうなのかというイメージについて敏感になってください。

　これらは昼夜を問わず現われる，象徴性，謎と潜在能力，に満ちた夢です。

それらはどうしたらあなたの目標，計画や理想のライフスタイルにうまくあてはまるでしょう？　たとえば，あなたが新しい生涯の目標に向かって努力しているときに，突然子どもたちを監督する手の込んだ夢を見たとします。あなたの現在の初期段階のケアが終了したあとに，あなたは学んだことを幼稚園や託児所における育児という新たな分野に応用することができるでしょう。

⑱悲哀のプロセスには，特別な圧力や感情が奇妙な混ざり合い，すべてを忘れて世の中から引き込もりたいという強い欲求があります。アルコールやドラッグ，猛スピードのドライブ，タバコの再開，大食いのどんちゃん騒ぎ，ギャンブルに手を出したり，癖になるような楽しみを追い求めたり，緊張をほぐす行為の中にこれらすべてを流してしまうのは誘惑的なことです。むろんあなたが理性的でいるときには，こういった極端な活動が非生産的で，そしてさらに自滅的であることがわかるはずです。危険地帯に暮らす子どもたちが言われているように，「ともかくやるな」ということです。

⑲自殺したくなるような気持ちに敏感になってください。それは悲嘆するプロセスの中盤に生じる傾向がありますが，保健専門家のカウンセリングを受けるべきであるという強い合図です。この警告を無視するのはあまりにも危険です。同様に，あなたがケアしている人といっしょに予防策をとってください。年をとった男性たちは統計的に見ても傷つきやすいのです。自殺者の25％は年をとったアメリカ人です★[12]。

⑳毎日の仕事を簡単なものにしておきましょう。この時期に表われる強い感情は「何もしたくない」というものです。いいではないですか。生きるために最低限のことだけをするようにしましょう。たまった仕事や家の雑事へのやる気のなさをひどくしないように，できるだけシンプルにとどめましょう。

第6節　悲嘆における男女の差異

男性の悲嘆は女性と異なるのでしょうか？　「異なる」というのが悲嘆の研究者の間での多数意見です。しかし，男性には文化によってさまざまに異なった悲嘆のかたちがあります。経験豊かなファミリー・カウンセラーのエリオッ

ト・ローゼン（Elliott Rosen）は「男性は，ストレスが多い悲嘆の表現を控える傾向がある」という結論を出しました。ローゼンはまた，男性は強く抑制がきく存在であるよう社会で条件づけられているために，人前で公然と泣くことはあってはならないのだ，という推論をしています。「男は固い上唇をもつものだ」と少年のころから教わります。それは男が情緒的に困難に直面しても，強く行動しなければならない，ということです。とはいえ，男性が感じる痛みの激しさは女性と同じくらいだと立証されており，女性はもっとオープンに感情を表現します★13。あなたが男性のケアギヴァーならば，このことについてどう考えますか？　あなたが強くて無口なタイプならば，悲嘆のスタイルを変えたいと思いますか？　それとも，あなたは現在の自分の感情表現方法に満足していますか？

第7節　子どもの悲嘆

　子どものケアをする者にとって，とても負担がかかる大きな原因は，死，障害，および悲嘆について，どうやって説明するかを決めることです。とても幼い子に対しては特にそうです。子どもは身近にいる大人から手がかりを得る傾向があります。したがって，あなたがどの程度死を受け入れられるかが，子どもの反応の大部分を決定します。ケアギヴァーとしてあなたは十分に情報をもち，率直に，そして正直に，死と悲嘆というテーマを論じることについて余裕がありますか？　あなたは死を婉曲表現で呼ぶことによって，神話化しますか？　たとえば眠り，旅行，病気，終わり，あるいはほかの言い方で。末期の病，葬儀や残された人々に起こることについては，説明されるべきことがたくさんあります。ほとんどの専門家の間で，子どもが情報や想い出，および儀式とかかわるべきであるということで意見が一致しています★14。子どもたちには，自分が愛されていて保護と安全が保証されている，と安心させなければなりません。彼らがしばらくの間，悲しく感じるであろうことを教えましょう。とりわけ，彼らの行動，願望，そして感情が親類の死とは何のかかわりもなかったということを確信させ，もし彼らがそのことをもち出したなら，はっきり

と納得させてあげてください。

第8節 文化圏による悲嘆の型

　ケアギヴァーにはさまざまな多くの文化的慣習, しきたりといった背景があるので, 彼らの多様性を強調して, 喪の慣習についていくつかの実例を述べることは大切なことだと思います。西ヨーロッパ社会とは非常に異なった文化圏から来ているケアギヴァーにとって, 私たちの実例, 提案とガイドラインのいくつかがいかに自分に適切ではないかがわかると思います。高度に発達し工業化した国の哀悼と葬儀のほとんどが, とても画一化されています。それゆえに, 少数民族の間で存続し続けていることを除いては, ほとんど違いはありません。

ユダヤ人

　別の文化での哀悼の方法を見てみると, さまざまな儀式の意義が最もわかりやすく表われます。ユダヤ人の間ではsitting shivaなる習慣が現在も行なわれています。これは1週間の喪と遺族へのきめこまかな奉仕です。家族と友人たちが祈りの言葉と愛情をもった奉仕で悲嘆にくれる人々を囲み, 家族をすべての家事から開放します。その週の後もしばらくの時間, 悲嘆にくれた家族を慰めに来た友人たちが囲みます。

アメリカ先住民

　アメリカ先住民の中には, ごく身内の家族が病気で死ぬ人の世話をすべて引き受けることを伝統としている人たちもいます。彼らは埋葬前の3日間, 食物の用意をし, ふるまいます。死は魂の通過儀礼だと思われています。儀式はキリスト教と部族の伝統的習慣の混合です。死の1年後に,「give away（見送り）」の儀式が行なわれて喪が終わります。それは同じ地域のすべての人のための宴会で, それぞれが食物と家族の土産物を持ってきます。子どもたちも参加して, 砂糖菓子などをもらいます。火が灯され, 魂が精神世界へ帰ることを表わします。

アジア人

　この広い地域では習慣にも大きな広がりがありますが，死にゆく人に対しても，あるいは家族に対しても，死について話すことは無礼で出過ぎたことと考えるのが多くのアジア各地の文化での一般的姿勢であるように思われます。多くが死について宿命論的で，彼らは悲嘆をはっきり示しません。この一般概念への例外としては，死にゆく人たちに『生と死についてのチベットの本』を読み聞かせるというチベットの習慣があります。書物はその人の気高い状況について記してあります。その人を高揚させ，うれしく感じさせるように意図されています[15]。葬儀の前夜に，自宅で通夜が執り行なわれることもあります。

メキシコ人

　他の民族とは対照的に，メキシコ人は死を祝い，そしてキリスト教と早期のキリスト教以前の昔の儀式との混合で行なわれます。メキシコの詩人のオクタボ・パズ（Octavo Paz）によれば，メキシコ人は死を追いかけて抱きしめて，そして死とともに眠るそうです[16]。All Souls' Day（すべての魂の日）には死者が想い出され，敬意を表され，お祭り気分が広がります。幽霊の人形と骸骨マスクが食物を飾り，そして行列の行進で運ばれます。ダンスと馬鹿騒ぎの中で，たき火が死者の魂が帰ってくるのを歓迎します。11月2日には，亡くなった愛する家族のためのミサと祈祷式が1日中行なわれます。

北アメリカ人

　文化と喪の習慣がたいへん多様化しているので，特有な儀式の特徴を1つに識別することは困難です。おもにキリスト教の伝統色が強い死亡の儀式では，伝統的な葬儀の形で行なわれます。その人の人生を想い出して，人生をたたえる記念の催しが一般的です。アメリカの文化に死を強く否定する傾向がある一方で，死をもっと受け入れてオープンに取り組むように変わってきています。

第3部　困難な感情との直面

第9節　終わりに

　悲嘆は常にケアギヴァーにつきまといます。なぜなら，変化と喪失は日常生活の一部だからです。悲哀はとても個人的な体験です。しかし，私たちのセルフケアの提案が痛みを最小化し，自己認識を最大化することで，あなたを助けてくれることと思います。セルフケアはまた，悲しみ以上にあなたを無力にしてしまう，うつ状態からもあなたを守ってくれるでしょう。それでもあなたの悲しみがうつ状態に移行していくのに気づいたなら，次の章があなたの役に立つはずです。

　自分自身の世話をすることができない相手をケアする場合，ケアはあなたにとってきわめて閉鎖的なものになります。自由，希望および自信の喪失によって大きな挑戦状をたたきつけられるようなものです。しかし，同じ環境にいる人の中にも解決策を見いだした人たちがいることを知れば，きっと元気づけられるはずです。自分もその1人になれる，と。

引用文献

1. Sherwin Nuland, *How We Die* (New York: Random House, 1995).
2. Mervin Thompson, *When Death Touches Your Life*. (Burnsville, MI: Prince of Peace, 1986).
3. Isabel Allende, *Paula* (New York: Harper/Collins, 1995).
4. Pat Samples, Diane Larsen, and Marvin Larsen, *Self Care for Caregivers: A Twelve-Step Approach* (Minneapolis, MI: Hazeldon, 1987).
5. Ibid.
6. Stanton Peele, *How Much Is Too Much?* (Englewood Cliffs, NJ: Prentice-Hall, 1981).
7. George Maddox, "Aging, Drinking, and Alcohol Abuse," *Generations*, Summer 1988, pp. 9-13.
8. Kahil Gibran, "The Prophet," reprinted in *Selected Poems* (New York: New Directions, 1987).
9. Jennifer James, "Jennifer James on Depression and Aging," *Prime Times*, December, 1988, p. 1.
10. David Treadway, Dead Reckoning: *A Theorist Confronts His Own Grief* (New York: Basic, 1996).
11. Martin Seligman, "Optimism Can Be a Vaccination," *Monitor*, October 1996, p. 33.
12. Health Advisory Services, AARP, *A National Survey of Caregivers* (Washington, DC: American Association of Retired Persons, 1988).
13. Elliott Rosen, "Mourning, Melancholia, and Machismo: Do Real Men Grieve?" *Grief Letter* 2, no. 3 (Summer, 1996): 1-2.
14. Judy Tatelbaum, The Courage to Grieve (New York: Harper and Row, 1980).
15. Sogyal Rinpoche, *The Tibetan Book of Living and Dying* (San Francisco: Harper, 1995).
16. Octavo Paz, *Selected Poems of Octavo Paz* (New York: New Directions, 1987).

第7章 うつ状態をケアするための課題

誰しもゆううつな感情になることはありますが，
それは長く続くことはなく，過ぎ去っていくものです。

デールE. ターナー博士

第1節 うつ状態とは，どういう状態でしょうか？

　深刻な喪失に対して悲嘆を経験することは正常な反応です。たとえこの悲嘆が深いものであっても，比較的短い時間に軽減されていきます。軽減される時間の長さはその人の心を癒す能力によるでしょう。ある程度の悲しみは続いても，通常の生活はできます。

　しかし，ケアギヴァーに影響を及ぼす別の種類の深い悲嘆があります。私たちはそれをうつ状態といいます。これは必ずしもあなたが失ったものに関係しない非常に悲しい感情で，はっきりとした理由があるとはかぎりません。その悲しみは，もはや取り去ることができないと感じたときに，音を立てて落ちてくるのです。あなたが深い悲しみや心身ともに燃え尽きたことに気づくまで，ゆっくりとあなたに歩みよってくるのです。

　まずは，今ケアしている「気むずかしい老人」とか「淋しい老女」のように，あなた自身も悲しくてイライラしていることに気づきます。その後しだいに疲れ果て，心身ともに機能しなくなります。そして，あなたのエネルギーが失われていくのです。

　ラリーの状況は，そっとケアギヴァーに歩みよる，うつ状態を示しています。

ラリーは40年間病弱な妻をケアしていました。妻は繰り返して起こる発作で認知

症（痴呆症）になっているのです。
　はじめ彼はケアの仕事をうまくこなしていました。料理と家事もできるようになって，それが自慢でした。彼は楽観的な人でしたが，しだいに落胆していきました。彼のエネルギーは急激に衰えました。数日間，ベッドからほとんど出ることができなくなりました。ラリーは妻によくかんしゃくを起こすようになり，自分がケアギヴァーとして向いていないのではないかと思うようになりました。そして，彼は挫折してケアを放棄しました。彼はさまざまな痛みが出始めて，定期的に医者に行くようになりました。以前は屋内での音楽や盆栽などの楽しみがありましたが，それらに興味を感じなくなりました。彼はどんどん内向的になり，ますます無力で絶望的になりました。かろうじて金銭的ゆとりがあったので，自分自身のために家政婦を1週間に3回雇うことにしました。

ラリーの状況は，ケアの仕事を一生懸命にやったにもかかわらず，徐々に悲嘆し疲れ果てて落ち込んでいく過程をよく表わしています。ついには彼は，精神的，肉体的にも機能が果たさなくなる，ひどいうつ状態を経験することになったのです。

うつ状態とあなたの健康

うつ状態は心臓発作のように急激に出る場合と，関節炎のように慢性的に出る場合があります。長いうつ状態は人体の病気に悪い影響を及ぼし，免疫力も低下します[★1]。

ひどいうつ状態は，脳にも影響するのではないかと考える専門家もいます[★2]。したがって，メンタルヘルス専門家の現在の治療では，カウンセリングとともに薬物治療も行なっています。抗うつ薬は継続的に改善されていて，かなりの効果が期待できます。

うつ状態は，認知症（痴呆症）と混同されがちです。

　マーサは，78歳の母親が認知症に苦しんでいると思いました。彼女は毎日叫び，多くの時間を不機嫌に過ごし，忘れっぽく，自分の人生に興味をもたなくなりました。母親は規則正しく食べることをせず，深夜徘徊するようになりました。マーサは老人専門科に母親を連れて行きましたが，母親は老人性認知症ではなく「うつの状態」と診断されました。そこで，母親を薬物治療やカウンセリング，未亡人サポートグループに参加させました。そういったさまざまな治療の組み合わせのおかげ

> で，母親は記憶や気分を回復させることができ，元気がよくなってきました。そして，マーサのケア負担はずいぶん楽になりました。

　マーサの母親についての報告は，彼女の身体的，精神的，行動的状況について不満を言うことにより，うつ状態を覆い隠している可能性があります。種々の微候やサインは，うつ状態と見分けるのは困難です。特に年配者の訴えが，認知症による記憶障害なのか，もしくはうつ状態によって記憶に欠陥が生じているものなのかは判断がしにくいものです[★3]。

通常のうつ状態と"ゆううつな感情"

　通常軽いうつ状態は，絶えずあなたを悩ませたり落ち込ませたりします。しかし，たとえそのような状態にあったとしても，あなたはケアギヴァーとしての役割，親として役割，そして職業的な役割を果たせるでしょう。通常は，カウンセリングを短期間受けることであなたの苦痛を和らげることができます。しかも，この一時的な軽いうつ状態は，長くは続きません。この感情は「ゆううつな感情」として一般的によく知られているもので，私たちすべてに時々襲ってくるものです。特にはっきりした理由もなく，不快な気分になる感情なのです。結婚，休暇，赤ちゃん誕生のような刺激的な出来事のときでさえ，ゆううつな感情になることがあります。あなたは休暇中にゆううつな気分になった経験がありますか？　悲しい感情や意欲の減退などを感じたときは心理的なことが原因だなどと早合点する前に，専門医に相談することをおすすめます。もしかしたらそういった意欲低下は，疲労や低血糖症状，あるいは意識レベルの低下などの身体的原因によるものかもしれません。その背景には，やっかいで慢性的な疲労症候群が潜んでいる可能性があるのです。

季節性感情障害（SAD）

　もしあなたが，ケアのために屋内だけに閉じ込もっていたり，日の短い北方地域に住んでいるとしたら，季節性感情障害（SAD）を受けやすいでしょう[★4]。それは長い期間，太陽の光を奪われることによるうつ状態です。うつ状態はほかにも影響して，集中力の欠けたり短気になったり，ひどく疲れたり，睡眠障

害になったりします。もし自分がSADなのではないかと心配するようなことがあれば、もう少し太陽の光——それは人口の光でもいいのです——を浴びましょう。だいぶ楽になるはずです。ゆううつな日々を明るいところで過ごしてください。

また、長い時間、室内に閉じ込もっていることからくるうつ病もあります。一般的にキャビンフィーバーと呼ばれるものです。うつの軽い状態ですが、うつ病の再発が起きないように、同じガイドラインで取り組む必要があります。

長期にわたるケアの効果

長引くケアは、ケアギヴァーをうつ状態にする場合があります。病人、特にうつ状態がひどい人やひどい認知症の人のケアは、ベテランのケアギヴァーでさえもてこずります。前にも述べましたが、あなたがバーンアウトからは逃れ得たとしても、エネルギーはかなり衰え仕事に対する情熱も低下するでしょう。この状態を「一時的な休みが必要だ」という注意のサインと受け止めてください。 もしくは気持ちを切り替える必要があるというサインかもしれません。これは車のバッテリーを充電することによく似ています。休息は次に進むための出発点となりますが、耐久性のある問題解決にするためにもゆっくり充電することが大切です。さらに斬新なケアギヴァーに変身するための解決法を、最後の章で紹介します。

高齢者のうつ病

高齢者のうつ病は、若い人々のうつ病より一般的であることがよく知られています。実はこれには議論の余地があって、はっきりした証明があるわけではありません。私たちの経験や知識では、高齢者のうつ病がそれほど頻繁ではないという方向に向かっています。人生の変化のピークは退職に伴うものですが、このごろの高齢者は、うつ病にならず元気に人生を送るための有効な対処方法を身につけてきています★5。

しかし一方で、高齢者のうつ病者、特に男性の場合は自殺する危険性があります。退職をはじめとしたさまざまな原因が、彼らをうつの傾向に追い込みます★6。ケアギヴァーは、自分自身のうつ的行動を注意深く見守るとともに、ケ

アを受けている人にも自殺企図があるかどうか，注意しなければなりません。どんな自殺企図も真剣に受け止めて，精神科医へ紹介し専門家に任せることです。あなた自身の健康のためにも，常に監視できないかぎりは，自殺をしようと決心している人を止めることはむずかしいと悟ることが重要です。こういった危険性についての不安と罪の意識を回避するためには，ケアギヴァー自身が「自分は合理的で思慮深く対応している」と納得することが必要です。

第2節 うつ病に強くなる

あなたのケアを受けている人が落ち込んで，彼もしくは彼女のうつに対し自分自身を遠ざけたいと思った場合，あなたはどうしますか？

・彼もしくは彼女の状況について客観的になることより，できるだけあなた自身を患者のうつから遠ざけてください。そして，あなたがケアする人の感情に，あなた自身が巻き込まれないようにしてください。自己の問いかけおよびストレス関係については，第2章を参考にしてください。そして，たとえば以下に述べるようなメッセージを，あなた自身に繰り返し言ってください。すなわち，「私はこの状況下でも自分を見失うことはしません。私は彼のうつ的感情や訴えに，同情をもって応じることはしません。なぜならば，これこそまさに彼が欲していることであり，結果的に彼のうつを長引かせることになるからです」と。彼らの気分転換のために「散歩にいきましょう」とか，「ゲームをしてみましょう」というように誘ってみてください。落ち込んでいる人たちはいつも何もしたくない状態なので，根気強く誘う必要があることを心得ておいてください。たとえば，散歩中や遊んでいるときに彼らは自分のうつ状態に気づかないでしょう。また，彼らは通常うつ状態について話しません。しかしあなた自身は，うつ状態に対する予防措置をとっておきましょう。つまり，うつ患者のふるまいを見て，悩んだり落ち込んだりする必要はないのです。

・高齢者をケアするためには，あなたと異なる価値観や見方で育っているこ

とを認識することが重要です。あなたが若かったり中年のケアギヴァーだと，高齢者の特性のすべてを理解することはできません。ジェニファ・ジェームスは，ケア関係をむずかしくしているこれらの特性をいくつか引用しています。たとえばケアを受ける人が「私はこの考えを変えるつもりはありません」と言った場合，ケアギヴァーはその患者の態度を頑固者だと決めつけるかもしれません。高齢者の他の特性としては，騒ぎ立てたり，不信感や不安感を抱いたりすることがあります。そして老人は，これらの特性を理解してもらえると思っています。なぜならこの老人たちは，厳しいうつ状態といえる２度の破壊的な世界大戦を通り抜けてきたからです。その他の特性としては，信頼しやすいことと善性があります。大事なことは彼らに「あなたがよくなるために言っている」と，言い聞かせることです。少し横柄にも聞こえるかもしれませんが，そのほうが老人はその人が本当に助けようと努力しているのだと理解できます★7。

- 前に述べたように，専門家の正確な分析と治療計画を参考にしてください。そうすれば，うつ病に対処する方法がより開けてくるでしょう。
- 薬物治療，環境上の変化および心理療法に関する高齢者ヘルスケア専門医のケア方法に従ってください。
- 予防戦略の鍵として，精神的，身体的に健康を維持するマニュアルに従ってください。
- 前章の悲嘆に対処するためのセルフケアガイドラインをもう一度見直してください。それはまた，うつ病にもあてはまるのです。
- ここで示された項目が，あなたの助けにならず，自分自身で気落ちしてきていると感じたら，あなた自身が助けを求めることを考えなければなりません。

第3節　希望，あきらめ，そして絶望

あきらめの感情

通常のうつ状態を経験しているケアギヴァーからよく聞く，油断できない訴

えのいくつかは「絶望的である」「私は前に進むことができない」「どうしょうもない」「私は次にどうしてよいかわからない」「私は失敗者だ」「私は自分をコントロールすることができない」などです。こういった表現は，気を許せない危険なものです。なぜならそういった表現がケアギヴァーの中で暴れまわり，燃え上がり，ついにはケアギヴァーを深い絶望まで落ち込んでしまうからです。前にも述べたように，あまりにも深い絶望は，自殺へとつながる危険性があるので，命を脅かすものともいえます。

希望とはどういうことですか？

　希望は明らかに人生の意義と関係します。もしあなたが人生を意義深いものと考えていれば，絶望に対処することは簡単です。次に紹介するのは，前向きなセルフケアが，ケアギヴァーに生きる意義と希望を与えた例です。

> 　ベスの夫は，アルツハイマー病とパーキンソン病を患っています。彼女は，ケアをしていた3年間，夫の怒りの爆発や無骨なふるまい，そして理性のない考え方でたいへんな思いをしました。そういった厳しい状態の中でベスは，ただ流れに身をまかせることにしていました。涙の中で笑顔をつくり，不必要な家事を罪悪感なしに先送りして，うまく自分の逃げ場をつくりました。彼女は，夜は夫の傍でクロスワードパズルをしたりして過ごし，仲間をつくるために猫も飼いました。ベスはしばしば「これもいずれは終わるのだ」と自分に言い聞かせ，ストレスの多い仕事にも希望があると考えました。彼女は，現在のストレスに満ちた状況も我慢できると考えることで，自分の人生が目的と意義をもっているかもしれないと気づくことができました。そして，自分の人生が将来にわたって意義をもち続けるだろうと信じることができたのです。

　まさに，これが希望です。
　希望はしばしば願いごとと混同されます。「何を望んでいますか」と聞かれると「この強烈な傷みを取り除いて」とか，「株式市場を回復させてほしい」とか言う人もいます。希望はストレスの多い条件を緩和することができますが，間違った希望に頼ることは無謀なことで，結果的にあなたを幻滅させ深い絶望に導くことになってしまいます。いわば，終末期の健康状態のようなものです。したがって，希望は現実的なものでなければなりません。

第3部　困難な感情との直面

> 　メアリー・ルーは，5年間以上の間，彼女の夫（この人は認知症でした）をケアしていました。彼女は，ケアギヴァーとして現実に基づいた希望をもっていました。彼女は,ストレスに満ちた感情的経験は絶望することなく対処し得ると確信していました。彼女は自分のために3つの目標を立てました。
>
> ①「毎朝，私は一日を大切に過ごします。また，私は最善を尽くすために知恵をしぼり忍耐強くがんばることができますようにと神に祈ります」。
> ②「私は毎日ケアの中に,目的と喜びさえも見いだすように努力します。そして生き甲斐を見つけます。信ずることによって，絶望と思われたことが希望に変わり得るのです」。
> ③「誰も私に期待していなくても，私は精一杯他の人に対してできることをします。私の希望は，私の目標が大部分で満たされていると実感することで持ち続けることができたのです」。

　メアリー・ルーの経験は，絶望の反対の感情として希望があることを示していますが，ここで重要なのは望ましい結果が，十分に有用な自助的思考を明確に述べていることです。希望というのは，自分で落ち込みの基になっている感情を変えることができるという期待です。もしくは，困難な状況が改善され絶望は回避できると想定する感情です。望ましい結果は人間の生命上とても重要なので，こういった希望は維持できるのです。有望な人は自分に自信をもって行動するので，ものごとがうまくいきます。そのように，希望は情緒的な経験と同じく，堅実で理性的な信念なのです。

希望を構築するためのガイドライン

　希望をかなえるためには,少なくとも4つの方針を立てなければなりません。

①あなたの気持ちを信頼できる友人やケアギヴァー，または支援グループに訴えてください。
②非合理的希望を排除するために，下記に記述された思考変更方法を適用してください。
③あなたがもっている全勢力を出し切ってください。適切な精神修行と精神力に頼ってください。

第7章 うつ状態をケアするための課題

④行動してください。

　希望や考え，計画に自信をもって行動することによって，無力と絶望感から立ちあがってください。あなたの将来に信頼を寄せましょう。希望は，ある意味で偏った考え方を直してくれます。あなたの対応力を再認識することによって，あなたには希望をかなえるだけの力があると再確認してください。
　落ち込みの初期の段階では，第2章に記述された思考停止法を使用してください。あなたのここまでの目標は，自分に落ち込みの感情が拡大することを止めることができると信じ込ませることです。
　次に，第2章に記述された思考再建法を使います。これらの方法と照らし合わせながら絶望，失敗，不満足，無益およびコントロールの欠如などについてもよく考えてみてください。これらの思考変更法を適用するにあたって，親友やサポートしてくれる人たちの助けを求めるのもよいでしょう。ルールは簡単であっても，それを絶望という激しくゆがめられた考えに適応するためには，高度の動機と訓練が必要です。
　あなたのケアギヴァーとしての仕事は，意義のあることだと考えましょう。自分たちのケアを天職とも愛の労働とも奉仕の聖職とも認めていた，前に述べたケアギヴァーの例を思い出してください。他の人々が人生の中でどのようにして意義を見いだしたかについての本を読むとよいでしょう。たとえば，トルストイの小説の中にあるイワン・エリチンの死と日本の映画『生きる』です。トルストイは，ガンで死ぬ人について書いています。その人はガンをきっかけに自分が非常にわがままで自己中心的だったと悟りました。彼はこれがわかったことによって変わることができ，家族とも和解しました。そして，安らかに死ぬことができたのです。
　映画『生きる』は，ほとんど無意味な仕事をして過ごした役人についてです。この人はガンを患っていました。彼は残りの時間がないことを悟りました。だから彼は，最後の日々を使われていない市内の一角に，子どもの遊び場をつくって過ごしたのです。ついに彼は，最後の日に生きる意味と希望を見つけることができました。
　もしあなたのケアギヴァーとしての仕事にまだ余裕があるようなら，広域の

共同社会には有給，無給を問わず意義ある仕事がたくさんあるので探してみましょう。たとえば，成人や子どもたちに何かを教えたり，政治的，社会的行動委員会や共同社会改善実行委員会で働いたり，「セント・ビンセント・ドゥポール」や救世軍，アメリカの赤十字で奉仕活動したりすることができます。こうすることで，自分自身についての好感情を増やし，あなたの生活についての絶望とか無意味さとか悲観的な感情を取り消す方向に向かえるでしょう。

人生に意義を見つけることは，生きることの喜びにつながります。これこそが人生を支える力であり，言葉でうまく言い表わせるようなものではありません。その生きる意欲がエネルギーを増加させ，多くのいわゆる医学的に奇跡と呼ばれるような治癒力を説明してくれます。それは，希望と楽観を維持し回復してくれる重要な要素となるのです。

無力とコントロール

時に，うつ病を病んでいる人がうつ病の症状をはっきりと認識できない場合があります。そのような症状は，絶望状態といえます。ケアのプレッシャーがあなたを圧倒すると思われたとき，多くの場合の反応としてはギブアップすることになります。これはつまり無力状態への後退です。次のような自分自身への言葉，すなわち，「私は今，何もできません」「私は前に進むことができません」「私は小さく丸くなって眠りたい」などが，あなたの思考を支配していることのよい例となります。

不治の病にかかっている人をケアするとき，どうすることもできない無力感に襲われると思いますが，その状況においてはたぶん，何かを変えることはできません。したがって，あなたはすぐに，自分の限界に屈して無気力感を受け入れてしまうでしょう。ここでもまた，あなたは困難な状況の下で最善を尽くしていると自分に言い聞かせることがよいセルフケアとなります。

無力感をほかの方法で見てみると，コントロールを失うこともいえます。私たちが第2章で対処技術についてお話ししたとき，何があなたの生活を支配しているのかについて意識していることが重要な対処態度である，とリストにあげました。無力感があなたのうつ状態の一部であると気づいたときは，自分の強さや能力を信じてうつ状態から脱出することです。あなたは実際，自分の

生活をコントロールしていて，無力で無能な行動をするのではなく，自分をコントロールしている人間として行動し始めるのだと自分自身に言いましょう。思考再構築法も有効ですが，強く断言することもまた絶対必要なのです。自分は前に進むことができ，内に秘めた強さを引き出すこともでき，生活をコントロールすることもできるのだと自分に言い聞かせましょう。

第4節　振り返り

　もしかしたら，あなたにとってはこのようなかたちで悲しみ，絶望，無力感についての問題をながながと考えること自体がゆううつなことかもしれません。上記のすべてのよい面は，あなた自身をキリリと引き締めて，あなたの自分自身を高めるための努力は報われるということです。軽いうつ状態のエピソードも，あなたの生活のすべてが正しいわけではないという注意サインと受け取ることができます。どんなに短くても，もし自由になる時間があったら，あなたの生活をよく見つめ直してください。あなた自身を振り返るか，瞑想にふけるか，読書するか，あるいはあなたの精神を一新するために何かをするよい機会として，1人で過ごしてみてください。そしてあなたが何かをする，しないにかかわらず，悲しい感情が和らぐことを確認してください。

　本章の基礎となるメッセージは，うつ状態は何かを喪失したときには予想できる通常の反応なのですが，じつはほとんど予期しないときにもそっとやってくるものだということです。重症で長引くうつ病は専門家の仕事です。しかし

私たちが提示したセルフケアの方法で，ふつうのゆううつな気分は緩和できます。厳しい生活環境のゆえにケアギヴァーの軽いうつ病が慢性的な苦痛の種となる場合もありますが，悲嘆の多くが，表われたときと同じように不思議にいつかは消えると信じてください。

次の章では，ケアギヴァーに対して影響するその他のむずかしい感情に対応する方法を述べます。それは怒り，罪悪感および不安です。

引用文献

1. Peter Lewinsohn, Ricardo Munoz, Mary Ann Youngren, and Antoinette M. Zeiss. *Control Your Depression* (New York: Spectrum, 1978).
2. Molly Mettler and Donald Kemper, *Healthwise for Life: A Self-Care Manual for Older Adults* (Boise, ID: Healthwise, 1992).
3. E. Tunks and A. Bellissimo, *Behavioral Medicine: Concepts and Procedures* (New York: Pergamon, 1991).
4. James Luce, "It's Winter: Feeling a Little Down?" *Remedy*, January/February 1997, p. 10.
5. David Burns, Feeling Good: *The New Mood Therapy* (New York: William Morrow, 1980).
6. American Psychiatric Association, *Diagnostic and Statistical Manual of Mental Disorders*, 3d ed. (Washington, DC: American Psychiatric Association, 1980).
7. Jennifer James, "On Depression and Aging," *Prime Times* 8, no. 12, p. 1.

第8章　3つの悪役：怒り,罪の意識,不安

怒りをはね返す穏やかな言葉；
　怒りをかきたてる嘆かわしい言葉

ことわざ15:1

第1節　欲求不満と怒りへの対応

　人類が始まってからというもの，欲求不満と怒りの感情は常に日常生活のかたわらにあります。不幸なことに，怒りはコントロールが最もむずかしい感情です。怒りはあなたの体にしっかりとホルモンの反応として刺激になり，危険なほど健康状態を脅かします。このしだいに累積していく憤りが原因で，いわゆる病気や心臓発作に罹患する危険性が高くなります[1]。このことから，十分に怒りをコントロールすることと，それを予防できる技術が重要なことは明らかです。ヘンリーもまた同じような状況にありました。

> 　ヘンリーは，87歳になる父親のケアをしていました。心臓の小発作にみまわれたとき，今さらながら怒りのコントロールの重要性に気づいたのです。ヘンリーは，これまでの長い人生も憤りの寄せ集めだったと思っていましたが，このときばかりは，あまりにも怒りが強く堪忍袋の緒が切れたのです。彼は，2人の弟から独り者になっていた父親の家庭ケアを任されていました。弟たちはいつでもどこへでも，必要があれば助けにくると約束をしていました。それなのに弟たちは，めったに顔を出さないどころか電話1本かけてこないので，ヘンリーの怒りは徐々につのっていきました。しかも弟の1人は，援助資金の彼の負担分を送るという約束を守らなかったのです。ヘンリーの怒りの高まりが，近ごろの心臓発作の重要な原因だと思われました。彼は弟たちに無法者のレッテルをはりました。そして，ヘンリーは不釣り合いで，不公平なケアの負担を背負ってしまって腹立たしく思っている，多くのケアギヴァーの気持ちを代弁してくれたのでした。

怒りは心配や不安に反して，容易に消し去ることはできません。それは煙が包んでしまうように，あなた自身の中に深く根を下ろしています。そのうえ，怒りは，特定の個人や集団に対しての憤りや恨みのかたちとなって蓄積していきます。元来，怒りは恐怖のように生き残るための力となるものでした。それがもっと強くなって激怒になっても，現代社会では何の役にも立ちません。けれども，社会にはまだまだ不公平や，偏見，欺瞞，裏切りなどがあり，「正義の怒り」は必要です。ですから怒りは，建設的な方向へと導かれなければなりません。そうしなければ，虐待，暴行，葛藤などの破壊的な暴力になってしまうことは明らかなのです。

ほんのささいなことでも，ケアギヴァーとして，しばしばまいってしまうこともあるでしょう。ジュディスは調査したケアギヴァーの1人ですが，次のように言っています。

> 「ある日，彼がどうしてもポテトサラダを食べたいと言いました。その作り方まで，それはていねいに私に教えてくれたのです。でもそうしてやっと作り終わったら，彼はたった2さじしか食べなかったのです！　今までの仕事は何だったのだろうとイライラしました」。

怒りは段階的に拡大していくものです。いらだちは欲求不満をもたらし，やがて激怒を招くことになります。

ケアを受ける人が認知症（痴呆症）の場合は，ケアギヴァーは特別にいらだってしまうことがあります。サンフランシスコ家族関係研究プロジェクトでは，248人の身近なケアギヴァーについて熱心な研究が行なわれました。その結果，一般に在宅ケアはむずかしい，また，たいした援助は受けられていないことがわかりました。対象となる認知症患者の平均年齢は67歳でした。このうち48%は徘徊し，78%は1人きりにしておくことができず，77%が夜中にケアギヴァーを目覚めさせ，84%が頑固で短気な気性でした。半数は1人ではトイレは使えませんし，1/3は食事介助が必要でした。ケアギヴァーたちは5年間の平均で，1週間につき59時間のケアを提供していました。また彼らの1/5は，その5年間休暇をとっていませんでした[★2]。こういった概要は，ケアギヴァーが認知症患者から要求されている，ケアにかかわる時間的制約についての見解を示しているといえるでしょう。

第8章 3つの悪役：怒り，罪の意識，不安

　就職しているケアギヴァーは，援助を頼むお金があったり，老人ホームへの負担金もより多く払えたりしてうまくやっていけます。親のケアをしている47歳のケアギヴァーが，次のように表現しました。

> 「私が最も嫌なことは，親の病気に振り回されているような感じがすることです。外に出ての仕事ができません。地元にはほかに家族が誰もいないからです。親が私を唯一の防護手段として，しっかりとしがみついているので，私は自由を失ってしまい，そのことを憎んでいます」。

怒りという反応の予防

　怒りをコントロールするための最もよい方法は予防することです。つまり，爆発する前につかまえてしまうのです。どんなときに誤解されたり，意見を主張しようとして強く反対されたり，厳しく批判されたり，不公平の犠牲とされたりするかを思い出してみてください。おそらく，あなたがとても怒った状態であったことが思い出されるでしょう。それはあなたにとって，どういうことだったのでしょうか？　そういう状態の中で，自分を抑えきれない傾向がありませんか？　もしそうなら，以下に示すガイドラインが，抑えきれずに爆発してしまう怒りを予防するための手助けとなるでしょう。

怒りをコントロールする

・怒る前に，別の観点に耳を傾けましょう。どんな問題にも異なった立場があります。いかなるときもためらうことなく，自分の立場をはっきり，かつ穏やかに表現することが必要です。問題について理屈っぽくなると，どちらの当事者も怒って自分を見失ってしまい，ほとんどいつも両極端の意見が対立したまま終わってしまいます。
・ケアを受けている人は，もしかしたら言いがかりをつけることによって，あなたの誠実さを攻撃し，あなたを怒らせようとしているのかもしれないということを心にとめておきましょう。彼らは世間を，彼ら自身を，そしてあなたを怒りのはけ口としていたのです。ですから，自分に言い聞かせましょう。これは患者の問題なのです。彼らはあなたの問題とすりかえようとしていますが，その罠にはまってはいけません。たぶん彼らの病気が

彼らにそうさせているのです。
- 穏やかに思いやりをもって反応しましょう。あなたのケアを受けている人たちに自由に，怒りを表現させてあげましょう。彼らの目から世の中を見てみたり，彼ら自身の身になってみましょう。そしてあなた自身，あなたの患者がなぜそう感じるのかと考えてみるのです。何か嫌なことでもあったのでしょうか？　そしてまた，怒りの爆発の原因が認知症でありうるという可能性も考えましょう。
- あなたのかたくなな態度や柔軟性のない判断が，怒りに満ちた葛藤状態をよりいっそう燃え上がらせていたかもしれないことを知りましょう。あなたには，自制心が期待されているのです。
- あとで述べられている方法によって，あなた自身の増大する怒りを解放してください。あなた自身の感情を露骨に表わさないで，何か建設的なかたちで表現してください。
- もし患者がそうしたくないことが明白ならば，その態度を変えようと努力することは避けましょう。たとえば，あなたが患者をケア施設から退所させるほうがいいと思ったとしても，患者が少しも動くつもりがなければ，今のところはそのままにしておいてください。あなたのエネルギーを無駄に使わないでおきましょう。

怒り解消のための追加提案をいくつかあげましょう。

- たしかにこれは不愉快な状況かもしれませんが，あなたのエネルギーを不必要に費やす価値がないことをあなた自身が気づいてください。あなたがすることに関係なく，怒りはやがて和らぐでしょう。もし一時の衝動で怒りにまかせて行動していても，そのときの言動や行為はあとになって，あなたを苦しめることになるかもしれません。誰かが私たちを怒らすような行動をしたときには，私たちはその人を罰する自然な行動をとってしまいます。怒りの真っ最中にあるときは，別の人にも同じようなことを言って，害を与えることにもなります。そんなときこそ，もし怒りの衝動に従ってしまったら後悔するだろうことを想像してください。

- 1つの方法として，身体をせっせと動かすことで怒りの強烈さを減少させるということがあります。怒りの感情を解放するために，ボールまたは枕，パンチングバッグのようなやわらかいものを叩いてみてください。

> イリスは言いました。「時々どうしたらよいのかわからなくなることがあります。そんなときには2〜3分間枕を強打することで，精神的な緊張が和らぎます。私が今打っているのはいつも不平ばかり言っている夫なのだ，この行為は夫へのいつもの不満をぶつけているにすぎないのだ」と。

- 大声や金切り声を出すことでも，怒りを減らすことができます。しかし，かえって怒りの激しさが増してしまうこともあります。ですから，この微妙な矛盾には気をつけましょう。こういった身体行動は，疲れ切るまで，もしくは感情のコントロールができるくらいに平静さを取り戻すまで続けてください。そして，救いと平静の感情を味わいましょう。もしこれらのすべての方法でもうまくいかない場合は，自尊心を抑えてこの状況から少し離れてみてください。そうすれば，少なくともあなたは状況をコントロールしていることになります。
- あなたが怒っている人が目の前にいる姿を想像してください。あなたの想像上の怒りの対象に適度な強さの感情的な言葉をかけてみてください。彼もしくは彼女の反応を想像し，あなたはどのようにしてその行為を説明できますか？

第2節　病める配偶者／元気な配偶者

　婚姻関係にあるケアギヴァーでも，イライラの苦境が長く続けば十分病気になり得ます。そうして新たに病気になっても，ケアギヴァーである配偶者は，健康であったりなかったりしている相手の配偶者をケアする義務があると感じています。このいらだたしい事態は新たに病気になった配偶者もまた，病める配偶者として助けを求めることを学ぶことができれば解決されます。夫婦はいかにお互いをケアするか，そしてどの程度の外部支援が必要かを論じ合うことが大切です。

第3節 虐待行動

　衝撃的な言い方かもしれませんが，ケアギヴァーはみな虐待の可能性をもっています。ケアは広範囲になっていくので，怒りはしだいに増していきます。そのケアはとても厳しいもので，ケアギヴァーは自分をコントロールできなくなります。そこでケアギヴァーはケアを受ける人に対して，間接的にはケアを怠ったり，直接的には言葉や行動で暴行を加えるなどして，いわゆる虐待を行なう傾向にあるのです[★3]。ケアギヴァーは自分が傷つきやすい状態なのかどうか自問してみる必要があります。もしその答えがイエスであれば，あなたは家族やメンタルヘルス援助者を必死に求めなければいけないときなのです。どんな場合であれ，休息時間をとることを義務づけましょう。

　この自分の患者に虐待的作用を与えるという誘惑は，患者による不合理な行動に対する人間の反作用として，よくあることなのです。能力の範囲内で，できるだけ多くの理解をして，できるだけていねいにケアギヴァーに接することを学ぶことは，病める人にも必要です。もし配偶者のケアギヴァーに対する敵意のある行動が原因で，アルツハイマー病のような体の不調が引き起こされた場合，ケースワーカーにとっては判断材料となります。この例では，ケアを受ける人の行動は故意に困らせているのではなく，病気の結果であるとみることができるでしょう。

　穏やかで愛情の込もったタッチングや低い調子の落ち着いた声は，認知症患者の感情コントロールの手助けとなるでしょう。ふつうは，説得しようとしても，向かい合って話し合おうとしても，なかなかうまくいかないものです。彼らを安易に驚かせたり感情を刺激したりして，突然動かそうとすることは避けるべきでしょう。こういった欲求不満のときこそ，休息が必要とされている徴候です。この状態から感情的に距離を置くことは，自制にとって欠かすことができません。

　しびれをきらしたケアギヴァーは，この我慢しきれない状況から逃れる方法として，たとえば病める配偶者と離婚することになるかもしれません。この行動が怒りを伴うことになるかもしれませんが，財政上の困難な問題を解決方法

としても考えられます。夫婦が法的に離婚すると，ケアを受けるための財政援助をより得やすくなるでしょう。

ケアギヴァーの虐待的傾向は，ちょうどケアを受ける人が両親や子どもなどの場合と同じように，配偶者にも八つ当たりしているのです。このことは人間としての問題であることはもちろんですが，法律的にも問題があります。子どもや年長の虐待者は，すべての州で法律に違反していることになるのです。いずれにせよ，虐待的傾向はケアギヴァーが抑制できない怒りからの行動であり，助けを必要としている強いサインといえるでしょう。

第4節　2度目の介護

夫に先立たれて再婚してなお，配偶者のケアギヴァーとなった女性は，恨みをつくり出しやすい状況にあるといえるかもしれません。

> カーラは，最初の夫にとっての配偶者であり身近なケアギヴァーでした。まもなくして彼女は2度目の病める夫のケアギヴァーになりました。

もし，ケアギヴァーが必要とされることを強く求めていなければ，このケアの再現は，がっかりしたり挫折感を味わったりする事態の変化となります。女性は男性より長生きなので，このような問題は今後も続くでしょう。そしてケアギヴァーは，自分の身内のほうへ怒りを向けやすく，病気にかかることもあり，時には死にいたることもあるのです。

第5節　許し

ケアを受ける人があなたに対してしたことを許すという行為はもはや，厳しい宗教的な習慣ではありません。この行為は世俗的な文化の一部として重要なのです。たとえば，インターナショナル・フォアギヴネス・インスティテュート（International Forgiveness Institute；国際許し協会）は1997年に成立しま

した。ザ・プロミス・キーパーズ（The Promise Keepers；約束を保つ人たち）の男性組織の開花もまた1997年でした。何千人もの男性が自分たちの犯した罪に対する家族の許しを求めていたのです。離婚支援グループは，許しの儀式を癒しの仕事の一部として取り入れました。

　怒りと許しは隣り合わせにあります。噴出した怒りを被った人は，恨みや，傷つけられた感情を抱くなどして反撃する強い傾向をもちます。さらに，誰かが何かをしたり言ったりしてあなたを怒らせたとき，あなたは仕返しをしたいと思いませんか？　しかし報復に対する欲求は強い一方で，私たちの倫理上の習慣や文明社会の行動としては，執念深い恨みの態度を押しつぶすことをよしとしています。多くの場合，あなたを怒らせた人は思いやりのない言葉や裏切り，虐待，屈辱，不誠実な態度であなたを傷つけようとは思っていません。もしその意図が感じられたとしても，あなたはもっと生産的な仕事にエネルギーを使うために，そういった非道行為という過去の傷から解放される必要があります。そしてあなた自身も，皮肉や嘲笑で他人を傷つけて復讐して怒りを発散させようという考えを変えなければなりません。復讐を探し求めることは，許しに反することになるのです。

　許しの行動は，許された人よりも他人を許す側の人々の利益となります。許しは，関係をもう一度正しく整えるチャンスです。許しは感情を害された人々の健康や幸福のために欠かせない癒しの過程なのです。もしケアギヴァーがその苦痛や怒りをすぐに処理しなければ，その感情はのちに自己破壊的な行動，いわゆる麻薬，アルコール濫用，暴食，自殺，うつ状態，その他の奇病へとつながっていってしまいます。明白な怒りで表わされるような傷ついた感情というのは，両親，教師，きょうだい姉妹たちの不快なふるまいや，習慣などに対して子どものころからずっと抱いていたものの蓄積結果であるといえます。

　たぶんあなたは疑問に思うでしょう。「なぜ私は，十分に嫌う理由があるその人を許すという，いばらの道を行かなければならないのか？」と。しかし前もって指摘したように，実際ケアギヴァーがそうすることは自分のためなのです。離婚した妻に関する研究でも，前の夫を許した女性は少ししか不安やうつ状態を経験していません。同じような研究では，血圧の低下や自己尊重の高まりを示しています。しかし，許しの行動は，ケアを受ける人の言動や行為につ

いてその個人の責任を解除するということではありません。

　そしてさらに，あなたは許しが与えてくれる，より多くの心のやすらぎ，エネルギーの放出，そして喜びを経験できるでしょう。許すという行為を通して，あなた自身の人生を形づくる力を取り戻せるのです。これでもう，あなたを傷つけた人に奴隷のように支配されることはないでしょう。このように，許しは解放の経験となりうるのです。

　許しの行為の前に，あなたにとって有害だったその行動が，そのときのケアを受ける人の問題を反映していることを理解しましょう。また，あなたが他人に対して傷つけるようなことをしなければ，あなたが傷つけられることもありません。これらのことは，あなたを傷つけてきた両親や配偶者のケアをするときにこそ，特別な手助けとなるでしょう。

許しを提供するためのガイドライン

①あなたは怒りを解放して，「悲観すること」をやめなければなりません。苦痛や怒りにすがりつくことは何の意味ももたないし，みじめになるだけです。自分に言い聞かせるのです。「この悪循環を断ち切りたい。自分の考えや感情の反対方向に進んでいこう。もはやこういった有害な感情は望まない」と。許すということは自分を許容することだと気づいたら，こういったことを話し，聴いてもらえる特定の人をもちましょう。

②過去にあなたを傷つけた人を，処罰するのはむなしいことです。恨みを抱え復讐を願うことは，心の平和，調和，積極的な自己尊重にとって破壊的なことです。復讐心のある思考は，緊迫した関係を癒す過程の邪魔になります。

③きちんとした手段を捜してください。もし，セルフケアの提案があなたの痛みを再考し，それらを解放するための許しを促すには十分でない場合は，空想や催眠状態を含む心理療法があります。あなたが許す人に話しかけている姿を想像してください。しかし，こういった想像や，催眠，幻想的なことを扱う場合は，できれば心理学者などの専門家といっしょにしたほうがよいでしょう。

④あなたの支援グループと，許しについての計画を分かち合い，試演してみてください。価値ある意見を与えてくれるでしょう。

第6節　罪だと思う過ちを消そう

罪の意識とは何か

　罪の意識とは，ケアギヴァーにとって大きな問題です。なぜなら「十分にケアをしていない」，または「正しくケアしていない」と思うかもしれないからです。罪の意識はいくつかの過ち，倫理上の違反，道徳と結びついた感情です。たとえば最高のケアが提供できないときも，あなたは罪の意識を感じるでしょう。また，しばしばあなたの愛する誰かに激しく怒ってしまったときにも，罪の意識が感じられます。

　罪の意識は，恥ずかしいと思う気持ちや臆病な気持ちともぴったりと関連しています。なぜならそれらは，根本にある感情が似通っているからです。この3つの感情はすべて，自己尊重に腐食効果を生じます。調査の対象となったケアギヴァーのジュネヴィーヴは，この感情を表わしていました。

> 彼女は最高のケアを提供しなかったと思いました。そして自分の怠慢に罪の意識を感じることは，適切なケアギヴァーとしての自己像とはしっくりこないと教えてくれたあと，次のように言いました。「まるで私が偽りの生活をしていたかのようだわ。できることは何でもしないと気分が悪いの。時々自分が憎くなるの。だけど，マリーおばさんのケアをもっとうまくしてみせるって自分自身に誓うことが私を救ってくれるのよ。彼女はどんなに小さなことでも，私がしてあげたことにはとても感謝してくれたわ」。

はっきりとした罪の意識

　罪の意識を感じることは，道徳上または倫理上の規約にはっきり違反したことを認識することから生じます。はっきりと罪の意識を感じると，くだらないと思う心や自責の念，自己批判を招きます。大きな重い罪の意識を背負ってしまうと，時として罪を許してもらうために，あえて刑罰や非難を受けようともします。もし自分のことがものすごく恥ずかしいと思ってしまうと，その結果不適切さを強く感じて，引きこもりになってしまいます。

　調査では，厳しい罪の意識をもったスザンナのさんざんな結果が明らかになっています。

> スザンナは激しい関節炎にかかった母をケアしていました。母は時々まったく動けない状態になりました。時々母はスザンナに，自分のために休みをとるようにとすすめてくれていましたが，スザンナは母には自分が必要だと思っていたので，なかなか休みをとれないでいました。しかしついに，あまりにもそうすすめてくれる母をふびんに思ったスザンナは，4時間ほど買い物のために家を空けました。彼女は，もしかしたら母がこのわずかな時間に自分自身で必要なことができるかもしれないと思ったのです。しかし，帰宅したスザンナは床に座っている母を見つけました。母はトイレに行こうとして倒れたのでした。彼女は冷え切ってすすり泣いていました。スザンナはぎょっとして母を助けベッドへ連れていきましたが，罪の意識で心が動揺していました。スザンナはその日一日気分が悪くとてもみじめな気持ちでした。そして自分に，同じことを繰り返し言うのでした。「私が家に居さえすれば！ 母さんが私を必要としているのに，私はそこにいなかった」と。彼女の自己批判はとても厳しいものでした。

存在することの罪の意識

　スザンナの場合のような特定の状態に伴う罪の意識は，時がたつにつれて，許したり，折り合いをつけたり，免除したりするなどのようなかたちで取り除くことができます。これに反して，存在することの罪の意識は，自分の可能性の最大まで努力していないことを悩む意識です。あなたが，自分の人生が間違っているというふうにぼんやりとした不合理な感じを抱いたとしても，それは遂行，怠慢などの特定の行動とは何ら関係がありません。ケアギヴァーとして自分のケア行動に疑問があるときは，存在することの罪の意識の源を理解していることが重要です。もしいつの日か，あなたが生きていることそのものを罪だと思うことがあれば，おそらく存在することの罪の意識を経験するでしょう。この種の罪の意識はカウンセリングによる援助が必要となります。

罪の社会的価値

　もちろん，有罪な感情を抱くことの社会的効果というのもあります。社会的な道義心は，反社会的な行動を食い止めるのに役立っています。良心的なケアギヴァーほど，いかに時間外になろうとも働いてしまうのです。もしこのことがあなたに当てはまるのなら，あなたは無数の「すべきか」「せざるべきか」といった厳しい良心の痛みを少しでも減らそうとする結果，過分に働いてしま

うかもしれません。しかし，あなた自身の恐れと罪の意識を小さくするためには，そういったこと（「すべき」「せざるべき」）の一部を放棄してください。特に念入りなケアギヴァーほど，自分は社会が期待するほどのケアはしていないが，最善は尽くしていると自分に言い聞かせてください。

ストレスマネジメントについては，以前の章でお話ししたバランスの原理を適用してください。やる気を起こすための罪の意識はもち続けましょう。しかし，休息も大切です。

逝かせない罪の意識

調査では，1人のケアギヴァーが普通の人々がめったに気づかない罪の意識の源をあげていました。

> ジョアンは言いました。「介護の中で，私にとって最もむずかしい仕事は，愛する人を見送ることです。たとえ彼が強く望んでいたとしても，私自身が彼を死なせたくなかったなんて，彼の死後まで理解できませんでした。何かを楽しむには，彼はあまりにも体が弱っていましたが，私の十分なケアとその行動力が彼を生存させていたのです。医師でさえ言いました。"彼は2年前にこの世を去っていたはずだった"と」。続けて，彼女は彼をもっと早く逝かせてあげることができなかったという残念な感情について述べました。また，彼女はもし彼がすぐに死んでしまうと，自分がそれについての葛藤と罪の意識を抱くのではないかを予測と，ためらいながらも付け加えたのです。

たぶんジョアンは，自分が思うようには彼の人生をコントロールはできないことを理解する必要があったのでしょう。この経験は，ケアギヴァーに苦しみと倫理上の疑問を投げかけています。これに反して，もしあなたにそれだけの力があると仮定して，罪，良心の呵責をもつことなく，時がきたら彼らを逝かせる準備ができていますか？　もしあなたが人間の可能性として，できるだけ長くその人を生かしておくならば，それがその人にとっていちばんよいケアなのでしょうか？　あなたは，できるだけ長く生命を維持することに倫理上の責任があるときに，ケアを忘れると罪の意識を感じますか？　もしあなたが願われてケアを怠ったのであれば，これは自殺行為を幇助する特別な事例と考えられますか？

このような決定を1人ですることは，慎重とはいえません。この問題につい

ては，信頼している内科医や，牧師，カウンセラー，援助グループ，友人たちと討議したほうがよいでしょう。あなたがケアをした人の死後，自分の感情について語ることはとても重要なことです。そうすることは，あなたがケアをした人の死に対して，あなたが強い罪の意識をもっていたようなときには特に有用で必要なことであり，きっとあなたの助けになるでしょう。

長期にわたる罪の意識

あなたのケアを受けている人で快方に向かっている人や，終末期の人をナーシングホームに入れると決めたとき，しばしば次のような罪の意識感情が伴います。

・私は彼をそこに入れることによって，自分の重荷を棄てたのでしょうか？
・私は，自分の犯した罪と恥の感情をどうすればよいのでしょうか？
・その移動が早すぎたのでしょうか？？
・私は正しかったのでしょうか？？
・私は決定するためのすべての真実関係がわかっていたのでしょうか？？
・私は本当に限界だったのでしょうか？

この問題と疑念については，もう一度信頼できる友人，または専門職のヘルパーと討議するべきです。あなたがナーシングホームに関する決定をしたなら，それをよしとしましょう！ あなたの決定したことに苦しんだり，また残念に思ったりすることは前向きではありません。

家族を無視する罪の意識

ケアには罪の意識の源となることがたくさんあります。肉親の場合には，それが顕著となります。たとえば，身近なケアギヴァーは，ケアを受ける人に対してあまりにも時間をつぎこんでしまうために，結果として夫や子どもをしばしば無視してしまう罪の意識があります。罪，恥，良心の呵責の感情を解決しないまま前へ進むことは，あまりにも無謀です。まずは罪の意識を解放して，現在の環境下で自分にできる最善のことをしているのだということを自分に言

い聞かせましょう。そしてあなたの時間についてのプレッシャーは解決できる問題として考えましょう。

生き残った罪の意識

　ケアギヴァーは，特にケアを受ける人が自分と年齢が近い場合，「幸運にも生き残ったこと」について罪の意識を感じると報告しています。ケアすることになった患者が，病気であったにせよ事故であったにせよ，あなたは自分が何もなしにすんで他の人は苦しんでいることを不思議に思うのは自然なことです。もしその患者がとてもよい人で，そんな目に遭うべきではない人だとしたら特に理解しがたいことです。もし聖書に基づいて神学的に説明しようとしても，かえってより深みにはまってしまうでしょう。この種の考え方を例にとってみると，罪の意識に押しつぶされそうになっているケアギヴァーは，「それは神の意志でしょうか？　どうしてこのようないい人がこんな目に遭って見せしめのような人生を送らなければいけないのでしょうか？　もし私がこれこれしかじかのことさえしていたら，私はこのような状態ではなかったのではないでしょうか？」というふうに，答えられない質問をするのです。

　たとえば，「たまたま悪い場所，悪い時間に居合わせた，そのときにできる最善のことはした」「自分ではコントロールすることもできず，うまく事を運ぶこともできないけれども，受け入れなければならない出来事が人生の外観である」，そして，「これこそが老人問題の状況なのだ」というような，人格を伴わない運命的な説明の中にこそ，これらの疑問を考え直す手助けとなることが多くあるように思えます。

第7節　罪の意識に対処するためのガイドライン

①自分の罪の意識があなたの行動にふさわしいかどうか判断してください。たとえば，次のように自問してみましょう。「私は自分がケアする人の幸せを無視したり，危うい状態にしただろうか？　この罪の意識は，関係のない状態に対する漠然とした反応なのだろうか？」と。漠然とした罪の意識は，理

由もなく現われ，数年間も続くことがあるのです。
② もしあなたがほかの人の心の傷に責任があって，それに罪の意識を感じるならば，許しの道があります。あなたが宗教団体とか協会仲間に所属しているのなら，告白や赦，祈りの儀式が助けになるでしょう。これらの段階を経てもあなたの傷が癒されず，強い後悔や自責の念をもっているのなら，心理カウンセラーに相談したほうがよいでしょう。
③ あなた自身，この罪の意識を捨て去るようにしてください。そして罪の意識の言葉を替えましょう：「こんなふうに感じるとは私は何て悪い人間なのだろう」から「この罪の考え方は馬鹿げていて不合理だ。そんなふうに感じる必要はない。今日から，前向き思考でそれらの悪い感情は捨て去ることにしよう」へと。
④ あなたの罪の意識を書き留めることは助けになります。日記をつけ始めてください。書くために，安全でプライベートな場所を選んでください。これはあなた自身と会話するということで，この本のセルフケアのテーマと合致しています。
⑤ 罪の意識を静めるために，アルコールを飲用しがちにならないようにしてください。もしあなたがアルコールや他の物質の乱用に弱いのであれば，特別の注意が必要です。

第8節　心配とパニックの禁止

　心配は生存のための通常の状態で，注意をうながし，注意深い計画の動機づけとなります。しかし，不安は心配の強い非生産的なかたちです。心配はしばしば健康と幸せを脅かします。不安には特別な対象はないのですが，恐れには特別な感情の集中点があって生存に欠かせないものです。特別な怖れ，たとえば蛇に対するようなものは恐怖症です。恐れが人を無力にしてしまうような頂点に達したときが，パニックとして知られています。これは突然で短時間の，しばしば予期しなかった恐れで，差し迫った死の意識を伴うものです。パニック状態のときには通常，身体的，感情的な経験として次のようなものがありま

す。胸の痛みと圧迫感，心臓の痛みと動悸，嚥下困難，胃部不快感，呼吸困難感，ふるえ，発汗，めまい，失神，恐怖感，発狂感などです。これらのパニック徴候は長くは続かないものですが，非常に悩ましいものです。そして，思いがけなく再発する傾向があります。

　パニックによる発作は，上述の徴候の3～4程度が同時に起こります。心臓の不規則な鼓動もしばしば心臓発作などの大病と理解され，さらに大きな不安へとつながるので，重なる徴候は怖いものです。また，悲劇的な考え方はパニックへとつながります。パニックによる発作は家族の中で代々起こるようですが，専門家の統一見解では，それは遺伝によるものというより悲劇的な思考をする結果だと考えられています。この種の思考は「ヘニーペニー（Henny Penny）」と言われ，最悪を予想する考え方です。子どもの物語で，ヘニーが落ちてきたどんぐりに当たってパニックになり，空が落ちてきたと誰彼に告げたのです。

　ヘニーはまた，もう1つのパニック原因を用いました。それは極端な一般化です。一個のどんぐりで空全体が彼女の上に落ちたという，極端に一般化した結論です。彼女は，この事件に非合理的なパニック反応をしたのです。

　パニック反応は，人々の生活に多くの悲しみを与えます。パニック発作は，通常悩ましい出来事や安全への脅威（差し迫った外科的処置などのような）が原因となります。加齢による通常の変化[4]に伴って，パニック発作が増加するため，個々人ではどうしようもないこともあります。

　もしあなたがパニックに陥りやすい傾向があるのなら，おもな対策として，悲劇的思考を前向き期待へと変えていきましょう。何度も起こる激しいパニック発作に対しては，ヘルスケアの専門家によるカウンセリングとともに投薬を受けることが，あなたのコントロール力を取り戻すのにはいちばんの助けとなるでしょう[5]。

第8章 3つの悪役：怒り，罪の意識，不安

第9節　心配しているケアギヴァー

　ほとんどのケアギヴァーが，一般的な不安を経験しているようです。この状態は繰り返し起こるようで，パニックのときほど特別なものではありません。不安状態には，身体の緊張，イライラ，ふるえ，漠然とした痛み，冷たくジトジトした手，口渇，うずき，排泄不調，喉のつかえ，顔面紅潮と蒼白，ちょっとしたことに驚く，極端な警戒，悪いことが起こる怖れなどがあります。ケアギヴァーの中でも，不安状態の引き金になったものには大きな差異があります。そのいくつかをあげてみると，将来の財政状況，愛する人の状況や条件，自身の心身の健康などがあります。たぶんあなたはたくさんの心配事のリストをつくることができるでしょう。たとえば，「私はちゃんと正しい時間にまちがいなく薬をあげただろうか？」とか「私の不規則な心臓の鼓動は何を意味するのだろうか？」などです。

　ケアギヴァーには心配する正当な理由があり，彼らの日常の生活における多くの出来事は自分ではどうしようもありません。ケアギヴァーのインタビューでは次のような嘆きが聞かれます。

> 「私はこんなに大きな仕事と期待に適しているかどうかわかりません。私は緊張して圧倒されているのです」。

認知症（痴呆症）を恐れる

　ケアギヴァーは，認知症の患者をほとんどいつも看視しているのですが，その状況は恐ろしいほど予測が不可能です。そのことは，「終わらぬ葬式」とか「一日36時間」として記述されています。重い認知症の原因や病状の見通しについてはほとんど知られていません。そのため，恐れを抱いたケアギヴァーは，昨日何が起こったかをほとんど理解できていませんし，今日何とかしなければならないことは何か，明日何が起こるだろうかということについて気づくのがむずかしいのです。わかっていないということは恐ろしいことです。しかし，将来には希望があります。認知症については多くの研究がなされていて，解決の道は必ずやってくるでしょう。

ケアギヴァーの加齢についての心配

　自分の目の前で愛する人が弱くなっていくのを見るのは悩ましいものです。このように加齢の問題をみているのは心配なことですが，それは同時に私たち自身が年をとっていくことも思い出させます。あなたは自問するでしょう。「私もいつかこのように誰かを頼り，頼りなげな状態になるのだろうか？　そのときは誰かが私の世話をしてくれるのだろうか？」と。ジェイムスの状況は1つの例です。

> 　3度の離婚を経て，今ジェイムスは84歳の母のケアに捕らえられているような感じです。母はパーキンソン病でしばしば倒れるので，1人で生活することができません。過去14か月間，彼は毎日昼に母の食事を用意をするために家へ帰ってきています。ジェイムスは言います。「私はこれをやめることはできません。私は生き残った料理人なのです」と。イライラする奇妙な役割なのですが，彼は自分自身をけっして音をあげないサムライに擬しています。彼がいちばん恐れていることは，自分が慢性病になり健康が低下して，年老いて弱くなっていくのではないかということです。彼は射撃や読書を不安からの救いとしています。支援グループを訪問することも，この恐れに対処する助けになっています。

　ジャック・レモン（Jack Lemmon）はよく知られている性格俳優で喜劇役者ですが，彼は人生で2度，40歳と60歳のときに不安に襲われたと述べています。老齢の人の役を演じたときに，年をとることへの恐れと自分の人生が過ぎ去っていくことが本当なのだという認識が急に襲ってきたのです。彼はある決意をすることで，これらの不安の襲撃を抑制しました。すなわち意識して，年をとることを心配しないように努めたのです。そして自分の誕生日を幸せと熱意をもって祝うことに決めました★6。

不安とパニックを統御するためのガイドライン

①今あなたが心配していることを紙の左側に書きましょう。右側にはその心配事と平行になるように，この心配事について何をしているのか，あるいは何をするかもしれないかを書きましょう。心配事を書くという単純な行為が，緊張をたいへん減らしてくれます。不安は紙の上に見てみるとそれほど激しいものではありません。あなたはこの憂うべき状況に，道筋を立てて対抗することもできますし，もし変えられないものなら受け入れることもできるの

です。
② 何か体を動かすことをしましょう：散歩をする，テレビ体操をする，庭や家をきれいにする。これらは緊張を減らすだけでなく，健康的で気晴らしになってくれます。
③ 支援グループの仲間入りをして，あなたと同じ心配をもつ人たちと話してください。この共有の過程は，有毒な心配によく効く解毒剤の１つです。
④ 親戚やほかのケアに責任のある人と，休息の計画をつくりましょう。そしてあなたのまわりを取り囲んでいるケアの役割の心配な場面から逃れられるように，旅行をするとかクルーズの予約をするとか，ちょっとした買い物にでかけるといったことができるようにしましょう。
⑤ 怒りを制御する章で述べた精神的技法を適用してください。ほとんどの心配は現実ではなく作りごとで，もしかしたらあなたが想像しているだけのものかもしれません。しかし，心配の中には本当に恐ろしいものもあるので，それぞれについてその正当さを吟味する必要があります。それから，必要のあるものは解決すべき問題として組織的に対応しなければなりません。結果として，あなたは心配する人の悲劇的な思考や抑うつな気分を前向きな希望に満ちた思考に置き換えることができます。ジャック・レモンの例を用いて，あなたのパニックになりやすい思考を変えて，楽しい将来を予想しましょう。
⑥ 深い呼吸をしてゆっくりと吐き出しましょう。自然な呼吸となって深いくつろぎを感じるまで，これを毎日繰り返しましょう。あなたが呼吸に集中しているときは，心配したり，怖がったり，パニックになったりすることはないはずです。くつろぎの日課を加えることで，あなたの体も心も至福の状態になり，不安やパニックの入り込む余地はなくなります。
⑦ あなたは，自分の恐がりな思考を支配することができると信じてください。もし自分が不安で考え込んでいることに気がついたら，しっかりと自分に言うのです。「やめろ！」と。もう一度大声で言いましょう。この思考を止めるテクニックは役に立つのですが，その単純さに誤解させられないようにしてください。これはあくまでも勇気の明確化なのです。
⑧ 笑うことを覚えましょう。笑っているときに，冷酷な恐ろしい感情をもち続けることはむずかしいものです。心配事も，あなたがそれらについて笑うこ

とができたら，重要な意義あるものに替わるのです。

⑨恐れを少なくするために，あなた自身および外部の精神的な支えへの信頼感を強めてください。

⑩時にはラルフ・ウォールド・エマーソン（Ralph Waldo Emerson）の『あなたが恐れることをするための忠告』に従うとよいでしょう。

⑪あなた自身の恐れを和らげるために，ほかに誰か恐れを抱いている人がいたらその人の理解ある助っ人になりましょう。

引用文献

1. Walter Bortz II, *Dare to be 100* (New York: Simon and Schuster, 1996).
2. Family Survival Project, as reported in *Update* (newsletter of San Francisco Family Caregiver Alliance) 15, no. 1 (1991).
3. Kristy Ashelman, A study of divorced mothers, University of Wisconsin, as reported in the *Seattle Times*, December 21, 1997.
4. Arthur Peskind, "People Who Have Panic Disorder", *Treatment Centers Magazine*, January 1993.
5. Laura Foster, "Recognizing and Understanding Panic Disorder", *Counseling Today*, August 1996.
6. Jack Lemmon, "Decisions", *New Choices*, March 1989, pp. 16-17.

第4部
あなたの周辺社会で頼りになるものを知る

第9章　あなたのまわりにある助け

成せば 成る
　　　米海兵隊（US Marine Corp）のスローガン

第1節　重荷を減らす

　一般的にケアギヴァーは「質問はたくさんあるのに，答えはとても少ない」と訴えます。

　この章では，その質問に答えて，挫折を小さくするための手段を紹介しましょう。たくさんの手段によって，ケアギヴァーは助けられ，心の平安を得ています。

　この章のサービスリストにあげているのは，都市の中心部において利用可能なうちのほんの一部の実例です。それらの手段は，都市部に集中しているので，問題はこれらのサービスにアクセスする方法かもしれません。シアトル地区に限っても，たとえばお年寄りとそのケアマネージャーに対して1200を超えるサービスがあります★[1, 2]。もし小さい街に住んでいたら，そういった施設と行なうサービスの内容を確認してください。

　サービスがたくさんあるにもかかわらず，都市のケアギヴァーは公的な老人ケアサービスを十分に利用しない傾向があります。ケアギヴァーの国民調査（national survey）によって，ケアギヴァーの2/3が地域や政府の1つのサービスだけしか受けていないことがわかりました。その理由は，そういったサービスの存在が知られていないことや，必要とされていないこと，高価なこと，または現実とかけはなれていることなどです★[3]。

ワシントン大学の家族支援プロジェクトは，家族のケアギヴァーに基礎的なケースマネジメント技術を教えると同時に，サービスに関する情報を提供しました。以前の国民調査によると，ケアギヴァーはサービスをほとんど利用していないことがわかり，おもに利用されたものはヘルスケアに対するものであることがわかりました。このプロジェクトを依頼するケアギヴァーは，家族的サービスがほとんど受けられない独立した集団が多いようです。それに加えて，家族は危機的なときにだけ助けを求めるので，プロジェクトのスタッフからのサポートがもはや受けるには遅すぎる場合があります★4。

この独立して「1人でやっていく」という態度は賞賛に値しますが，その場合ケアギヴァーはとことん燃え尽きてしまったり，少なくともストレスをつくったりしてしまいます。これは明らかに，いかに他人の手を借りずに1人でやっていくことがむずかしいかを示しているといえるでしょう。助けを必要としていることを認めるのは，自尊心を傷つけられ，嫌な感情を増強させます。能力がないとか，怠けているという，近所の人や友だちからの非難を考えると，助けを求められなくなってしまいます。サービス員に電話するのをためらう大きな原因は，「他の人には，私がやっているほどうまくケアできない」という自尊心です。しかし，本当のところ彼らがサービスを利用しない理由は，それらが高価であるためではないかとも考えられます。在宅医療サービスが高くつくのが事実ではありますが，その一方で，無料や低価格なサービスがたくさんできてきました。カリフォルニアでは，州が提供したサービスが，ケアギヴァーの負担をかなり軽くしました★5。

第2節　ケアマネージャー

ケアマネージャーとケースマネージャーは，プロのケアギヴァーを表わす言葉です。彼らはケアプランを立案し，時にはケアを行ない，必要なサービスを提供します。彼らは几帳面に「主要なケアの提供者である」と訴えます。そして，病人や障害者への特別な種類のケアの専門家なので，高い料金を請求します。高い収入を得ていて，忙しくて時間に余裕がなく，プロのケアを必要とす

る傾向にある人にとっては，そういったケアギヴァーのケアは満足いくものでしょう。プロのケアマネージャーは，家庭でのケアや，ヘルスケア処置同様に，家事や炊事サービスも提供するので，長期間にわたるケアには不可欠です。

サービス機関によっては，無料で家庭を訪問して相談を受け，ケアマネージャーを斡旋するところもあります。彼らはケアプランをつくるのを手伝い，ケアギヴァーがケアを一休みするための外部資源を提案し，ちょっとした雑用サービスも手配してくれます。また，ケアのフォローアップをし，家庭でケアを受けるか，入院するかというような大きな決断のための相談にものってくれます。ケアギヴァーが燃え尽きて苦しんだり，無気力になったりして，コンディションが悪いときにも，あなたの愛する人に一時的なケアを提供してくれます。

オードリーの例は，主要なケアギヴァーと補佐のケアアシスタントとコンサルタントが携わった複雑なケアの状況を表わしています。

> オードリーは彼女の85歳になる糖尿病と心臓発作と認知症（痴呆症）をわずらった母親を，家庭で主となってケアしていました。オードリー自身も42歳のときに，子どものときの脊髄損傷と頻回の転倒，そして重い骨粗鬆症が原因で，両足の麻痺が出て寝たきりになっていました。また彼女は，2人の子どもがいる未亡人でもあります。子どもの1人は交通事故で，もう1人は骨変性症で，ほとんど車椅子生活をしています。
>
> オードリーはベッドの中から家族4人の世話をしていました。また彼女は，時々お金を払って訪問ケアに来てもらっていました。彼女は自分の大部分の時間を「愛を超えて，キリスト教の義務」ということで，自分の家族に費やしました。キリスト教の義務というのが，彼女が家族とともにいる理由でした。
>
> 彼女は家を許容範囲内の最大限に抵当に入れていましたが，経済的にはとても苦しい状態でした。
>
> ケアコンサルタントも，長い間この家族の経済的問題を解決してケアを延長する方法を提供したり，老人や子どもたちに対する長期的なサービスのネットワークにもアクセスしたりしていました。

もしあなたが家庭でのケアギヴァーを雇うことを考えているならば，たとえばヘレン・スーシック著の『ハイリングホームケアギヴァーズ（*HELEN SUSIK'S HIRING HOME CAREGIVERS*：在宅介護者を雇うには）』[6]が，「いくらかかるか」「信頼できるケアマネージャーはどこで探せるか」「契約，身元調査，保健を必要とするか」「どんな種類の報告やスーパービジョンが必要か」

といった疑問に答えるのに，優れています。あなたが主たるケア責任を負っている場合でも，休みをとるとか，病院へ行くとか，家族の仕事を世話するといったときに一時的に休むためにも同様の疑問がわくでしょう。そしてあなたが家を離れるときには，金銭的なこと，緊急時のこと，毎日の決まりきったことを決めておいて，薬に対しての重要な指示もする必要があります。

次に述べる組織のリストは，セルフケアの面でケアギヴァーを援助してくれます。

第3節　ケアギヴァーに対する社会サービス

老婦人連合（OWL）

女性には，健康維持，経済的平等，仕事における平等などの，特別な問題があります。ケアギヴァーのほとんどは給料をもらわない女性ですから，この組織は女性の権利平等のために戦う重要なサポートグループの1つです。この組織には，ケアを受ける側，与える側の問題について援助するためのボランティアが所属する地域の支部があります。彼らの取り組みの1つは，老婦人が年金を受ける権利を得ることです。OWLは「アメリカ合衆国で貧窮な生活をする400万人のうちの70％は老婦人で，年金を受け取っている老婦人は25％も満たない」と見積もっています。他のケアギヴァー団体の発表では，老婦人の多くが健康保険に入っていないといいます。OWLはこの問題についても取り組んでいます[7]。

クローン（crone）

ケアギヴァーを援助するグループは，とてもむずかしい問題を処理することが多いので，クローンのようなグループが必要となります。クローンはケアギヴァーをケアのない生活，新しい生活へ移行させる手伝いをしてくれます。この移行は一見とても魅力のあることのように聞こえますが，実際には多くのケアギヴァーにとって恐ろしいものでもあります。クローンはたくさんの支部から成る世界的な組織であり，会報とプログラムを通して援助を提供します。ク

ローンの計画は，すべての老婦人にとって魅力的ですが，友情や権限や人生における情熱を力説するので，引退したケアギヴァーには特に魅力的なようです。

老年学者

うまく年を重ねている人は，個人的に鍛練しています。大学に通ったり，研究所に雇われることもあります。彼らはケアギヴァーをアセスメント（評価）することで援助してくれます。また，子どもたちの対処に関するカウンセリングや，仕事・家族・ケアの葛藤などの処理についてのアドバイスをしてくれます。問題は流動的な料金が高いことです。もしかしたら，あなたは「もっと安い料金で老人の問題についての専門家がいる，地方のメンタルヘルスサービス」をイエローページで探したいと思うかもしれません。

エイズ（AIDS）支援グループ

エイズやHIV感染患者で介護を受ける人がますます多くなるので，それに伴ってケアギヴァーを派遣する施設も増えてきました。エイズの治療施設は，診断，ホームケア，病院の紹介，ケアマネジメントを備えた支援をします。その例がノースウエストエイズ基金（Northwest AIDS Foundation）[★8]です。おそらくあなたの地域の中にも同様のグループがあるでしょう。

身体障害者のためのサービス

多くのケアギヴァーがあらゆる年齢の身体障害者に対するケアをしているので，施設は高齢者のためだけではないことが要求されます。1つの例として，身体障害をもった市民の権利の代弁者協会（ARC）[★9]があります。この組織は，支援業務や教育，ケアギヴァーの支援，発育障害をもった人々が自立して生活できるように助成する事業を提供しています。

病気と死に対するサービス

ケアギヴァーの多くは，家族の差し迫った死を怖れながら生きています。この負担を軽減するために，商用墓地や葬儀屋のカウンセリングサービスに加え，数多くのサービスが受けられるようになっています。

延命，特別なケア，病院，安楽死，葬儀計画，解剖のための献体や臓器提供などについて，ごくささいなことにも，苦渋の決断がたくさんあります。それは，あなたやあなたの家族が，ケアしている人に対して行なう苦しい決断であり，医学的，法的，宗教的，人道的な配慮が含まれます。たとえば，死の援助（安楽死・尊厳死など）における未解決の法律，遺言，医師への指示などを専門とする弁護士がいます。また，弁護士の代行権限委任行為（ケアギヴァーに身体障害者に対する決定権をもたせる）に関する法的問題もあります。すでにおわかりのように，あなたの家族の主治医は，その人に対する重大な生死の決断を行なううえでのパートナーとなります。もしあなたが教会の一員なら，牧師もまた，主要な関係者となるでしょう。

追悼協会

地方の葬儀管理者と提携した追悼協会を通じて，低価格の新しい葬儀計画が可能です。大規模団体のほとんどが，こういった"追悼協会（Peoples' Memorial Association）"★10のような非営利的協会をもっています。それらの協会は，主団体の運営や，死亡診断書・報道通知のような法的必要条件への対応を援助しています。あなたがケアしている家族や近親者たちと，それまでにあげられた計画の問題点や必要性について話し合うことは賢明といえるでしょう。あなたにとってむずかしいことかもしれませんが，あなたの選択や患者の望みを家族すべてに知ってもらうことが大切です。この制度は，あなたの自立のための援助計画の一部です。きっと，死が訪れるときの潜在的ストレスを軽減する手助けとなるでしょう。このようなことは関係者全員に知らせるべきであり，遺言の中にわかりづらくしまい込まれるべきではありません。

死の権利

あなたは終末期の病人をケアしているかもしれませんが，その人生の終末を決定するための手助けとなるサービスがあります。国は終末期の人たちの死ぬ権利の法規を急速に整え，改善しようとしています。人生終末期の問題を援助する事業に取り組んでいる非営利団体の一例は，"ワシントンズ・コンパッション・イン・ダイイング（Washington's Compassion in Dying）"です。おそ

らく，あなたの国にも似たような団体があるでしょう。その全般的な目的は，慈悲深く尊厳的な死を保証し，人生の式典を強調することです。このような団体は，明確に，家族に対して情報や助言を提供してくれます。また，人生の終末をいつどのように迎えるかを決めようとしている末期の患者に対する心のサポートもしています。

ヘムロック協会

　終末期サービスがあなたの要求に合うのなら，地元の医療機関や郡の高齢課事務局か，情報のためのヘムロック協会を訪ねてください。終末期の計画についての情報や助言を提供するヘムロック協会の支部は多くの地域にあります。そこでは，死にゆく人が生死の決定の際に考えるに違いない深遠な価値観の解釈を支援してくれたり，ケアを受ける人が，遺言状や，弁護士の代行権限委任行為，上級命令といったようなことを明らかにできるように支援してくれます。

ホスピス

　ホスピス制度は，通常病院を介して利用でき，ケアギヴァーらが末期に対して行なうサービスを支援します。24時間体制の支援や，疼痛管理，精神的苦痛へのカウンセリング，牧師の助言，苦痛に対する支援グループなどがそのおもなサービスです。家族は自宅でも病院でも，ホスピス制度のケアにおける1つの単位です。ホスピスのケアは，通常，死の約6か月前に始まります。

　ホスピス制度の特徴的な一面は，死ぬ直前の人生を重視していることです。その制度は，終末までの人生の質を維持する手段を含みます。人が週末期の病気と診断を受けると，あたかも，もうまったく見込みがないかのように治療されることが非常に多いのが現状です。最悪のシナリオの中で，彼らは脇へ追いやられ無視されてしまうのです。ホスピス制度は，この冷遇の回避を追及しています。

訪問看護サービス

　終末期のケアに加え，カウンセリングやヘルスケアを申し込んだり，医療保健施設利用のアドバイスをするために，訪問ケアサービスがあります。いくつ

第9章　あなたのまわりにある助け

かの健康医療団体がそれらの医療保険制度の一部として，このサービスを提供しています。あなたの考え方を，この手段に照らし合わせてみてください。

家事代行サービスと一時療養

地域密着型のサービスが増加し，簡単な家事雑務を低価格で利用できるようになっています。同様に，近年ボランティアや賃金労働者による低価格の一時療養制度が発達し，ケアギヴァーたちの負担を軽減しています。ケアギヴァーが週2〜3時間の買い物や美容院に行ったり，内科や歯科の予約を行なえるようにすることが，その限定介護者のおもな支援業務です。

高齢者ケア検索

これは全米の検索システムです。高齢者に対するサービスの地域情報や，ネットワーク照会を提供しています。窓口案内の記載を見てください[11]。

全米退職者協会

この機関にはケアギヴァー用の手段がいくつかあります。身体障害者をどうやって自宅に適応させるか，といったようなケアに関する多くの表題を載せた参考パンフレットを国立団体が刊行していて，ケアギバーズリソースキット[12]と呼ばれる基金を配布しています。地方支部には，ケアギヴァーの長期医療や退職に関する決定を支援する事業で働くボランティアがいます。

第4節　宗教的なサービス

信仰宗教の意義

組織的宗教団体は，信仰心を深めるためとなる資源を提供してくれます。1つの宗教団体を信仰し続けたケアギヴァーは，礼拝式や信条，懺悔，和解，といったことの個人的意義を知っています。礼拝式は，式典の精神的な崇高性や，神聖で超越的なものへの崇拝につながります。非常に有力な宗教団体は，医療団体の支援も提供しています。多くの教会で，牧師が寝たきりの病人を訪れる

サービスを提供したり，一時療養施設を用意したり，遺族への慰問を行なったりしており，ケアギヴァーたちにとって貴重な資源となっています。

個人レベルでは，宗教的環境は自らの介護サービスを見直したり，広げたり，明確にする機会を与えてくれます。加えて，そのような関係によって，あなたは人生の目的や人生の意義に直面することができるでしょう。社会問題と政治における宗教団体との接触機会が増えるにつれて，公益政策や行政への精神的献身が妥当であるかどうかといったあなたの視点を明確にすることができるでしょう。たとえばあなたは，福利厚生，医療扶助，助成小児医療など，どの公益機関にいるのでしょうか？

否定的態度への対処

若いときの否定的あるいは中立的知見のために，制度化された宗教に対し懐疑的なケアギヴァーもいます。金と時間を絶えず求めることによって，興味を失っている人もいるでしょう。もしこのことがあなたに当てはまり，組織的宗教団体との関係を回復したいのなら，まずはじめにそういった否定的な感情を取り除き，その団体の印象をもう一度考え直さなければなりません。そうすると，現在の，あるいは将来のケアギヴァーとして，カウンセリングを介した格式的な宗教における，当面のあなたの態度を検討したくなるかもしれません。そして，あなたが満足してケアの日々を送れることに対し，宗教団体がどのように支援したりしなかったりするのかをよく判断してください。たとえば，現状があなたのために存在しており，その逆ではないことに気づくことができるでしょう。あなたが今まで無意味だと思っていたことを，今ならより個人的意義のある，より精力的なやり方でもう一度経験することができます。また，宗教的影響力の意図は，あなたを高めるものであって鎮圧するものではない，と気づくことができるでしょう。思想と態度の変換に関する前の議論を思い出してください。

あなたの信仰宗教が，たとえばキリスト教だろうと，ユダヤ教だろうと，イスラム教だろうと，仏教だろうと，バリハイ教であろうと，生来アメリカの自然主義者だろうと，イエス・キリストの「あなたが生を受けたとき，それをより豊かなもの――より多くの精霊，家族，目的，充足感――とすることができ

るだろう」という言葉を有益に思えるでしょう。
　他の宗教の教祖たちも同じように，人生の確信的な宣言を残しています。

身体的健康との関係

　祈祷と瞑想の儀式に結びついた強い宗教的信念が，身体的回復と病の回避に貢献しているという徴候が高まっています[13]。強い宗教的信念をもつケアギヴァーは，そのような信念を持続してもたないケアギヴァーよりも，燃え尽き症候群の経験が少ないことが，ケアネットスタディのカーター基金によりわかったのです[14]。

第5節　ケアギヴァーのための支援サービス

　対処技能の支援やサポートを受けることの重要性については，第2章で述べています。ここでは，ケアギヴァーたちへ直接的に心情面・情報面での支援を提供する地域サービスを紹介します。

支援団体

　支援団体はケアギヴァーの存続のために欠かせません。情報や心情面のサポート，激励，個人の成長などを支援してくれます。結果的には心理的治療にもなりますが，心理療法団体ではありません。会員たちは，共通の考えや情報の必要性，ケアギヴァーにおける感情などについて話し合います。
　ケアの全期間を通して，特にそのはじめの数週間に支援団体を有効に利用できるでしょう。
　レナの状況が次のような例を示しています。

> 「この仕事の重大さ，大きさを理解するのはむずかしいことでした。母がアルツハイマー病と診断されたとき，私は驚かず，むしろ彼女のすべてのケアを行なわなければならないという思いに，打ちのめされました。1人の友人が支援団体に入ることをすすめてくれ，それは非常に大きな支えとなりました。そこでは親切に，わかりやすく，その病気のことや法的・医学的見解について，以前は知らなかった多く

> の有益な指示をしてくれました。また，在宅看護を決める手助けにもなりました。そのことを思いついたときは罪悪感を抱いたのですが」。

　レナの例のように，はじめの2～3週が重要な調整期間なのです。もしあなたが現在ケアギヴァーであるか，あるいはすぐにもケアに介入するのであれば，ケアのはじめの厳しい数週間を通して，喜んであなたを支援してくれる特別な団体があることを知っておくことは非常にためになるでしょう。あなたはたとえば，自分1人じゃない，と感じることができます。また，あなたが重大な問題を抱えていることを自覚するには時間がかかります。支援団体はその問題をあなたにより明確に示してくれます。あなたが家で"新たな子どもを抱える"ことを自覚するといったような問題へのアプローチ方法を，ケアの必要性という点から示してもくれます。そして団体のメンバーは，いつでも利用可能なように，頻繁に快く電話で対応してくれるでしょう。レナの例のように，ケアの初期に必ず訪れる，あなた自身でケアを続けるか，あるいは在宅看護を考えるかといった問題を，金銭的な余裕，離れて暮らすかということ，罪悪感などのすべての厄介なこととあわせて判断する手助けをしてくれます。

支援団体の問題点

　支援団体に関連した問題点がいくつかあります。親しいグループ内では個人情報を共有したくない人がほとんどなので，一般向けではないのです。それぞれ特徴のあるサービスを提供する団体がたくさんあるので，妥当なものを見つけるためにはじっくり調べる必要があります。たとえば，認知症患者のための団体や脳卒中患者のための団体，心疾患の患者のための団体，アルコール中毒患者のための団体，未亡人のための団体，離婚した人のための団体，育児のための団体，特殊な女性や男性の団体などがあります。快適に感じ，共通の信念を経験できるくらいの期間その団体に居続けることが重要です。また，きちんとその団体に参会する義務もあります。

支援団体の体制

　支援団体は通常隔月に会合を開くので，その団体会合に参会している間のた

めに，一時的な代わりのケアギヴァーを見つけるという問題は重要なことになるでしょう。そういった定期の団体会合に出席するための一時的なケアを確保するためには，友人や家族，教会のメンバーらとのネットワークや，あるいは団体の上級サービス機構が役に立ちます。"世話役（ファシリテイター）"と呼ばれる専門のリーダーがいない団体もあるため，そこではリーダーシップが表面化します。リーダーがいるということは，団体を軌道からそらさず，すべての人が参加する機会をもてるように保証してくれるという利点があります。

　ケアギヴァーにとって最も大きな問題は，献身的に自分を犠牲にしてケアする時間を見つけてしまうことです。もしあなたが一週間に40時間以上働き，残りの40～60時間をケアに当てているなら，なおさらのことです。しかし，楽観できる面として，大きな会社がケアギヴァーと雇用を結びつける事業を展開し始めていることがあげられます。それは，フレックスタイムやデイケア，一時療養などと一体になった支援ネットワークや団体を含みます。そして，この企画がより労働者を満足させ，生産性を援助するとわかってきています。もしあなたがこのような仕事の機会を得られないのなら，事業主に対して，そのような事業を企図するようにリーダーシップをとってください。

　支援団体のメンバーは，限られたケアの間だけでなく，長期にわたっても友好的に支えてくれます。人が亡くなるときの苦痛に対する支援はその一例です。もしあなたが男性のケアギヴァーで，男女混合の支援団体が居心地悪いようなら，男性だけの支援団体も急速に増えてきているので，そういったところを利用しましょう。

　支援団体は，病院や精神保健クリニック，連盟，教会，高齢者センターなどで構成されています。たいてい入会無料ですが，宣誓を求められます。守秘義務を守ったり，メンバーを審査なしで受け入れたり，時間を公平に共有したり，意欲的に心配事や感情を共有したり，といったいくつかの確約事項と指針に署名するよう求めらるのです。

法人による高齢者医療サービス

　小児医療サービスに匹敵する，高齢者用のケア委託サービスを設立した会社の数が増えています。IBMは，その高い生産性と意欲がそのようなサービスか

ら生まれた一例です[15]。もしあなたが雇われたケアギヴァーなら，支援事業内容について事業主に問い合わせてください。

第6節　コンピュータインターネット

インターネットは，ケアに関する情報源として急速に増加しています。一例は，サンフランシスコの家族ケア連盟によって確立維持されたウェブサイトです。このサイトはwww.caregiver.orgを介してアクセスできます。そこでは公共政策制度についての記事や事実に関する情報センター，通知に関する情報提供源，他のサイトへのリンクなどを提供しています。後述の第10節の中で，ケアギヴァーに役立つウェブサイトのリストが見つかるでしょう。

第7節　ネットワーキング

組織団体に加えて，地域団体も共通の目的と要求をもった人たちによる情報ネットワークに組み込まれています。それは，すでにいくらかつながりがある数年来の親族や知人です。情報サービスネットワーク組織と正規のサービス組織を利用することで，ケアギヴァーたちはここ数年，何の問題もなく，同じ地域社会で生きてきました[16]。もしあなたが新参者なら，そのようなネットワークに加わり，あるいは立ち上げ，地域サービスに精通する特別な努力が必要となるでしょう。

第8節　カウンセリング

重圧がたまり，疲労こんぱいしたときは，危機的状況に陥る前にカウンセリングを受けたほうがよいでしょう。カウンセリングは，あなた自身の問題を安全な方法で解決してくれます。そして周囲の人を信用し，自身の人生をコント

ロールできるようにしてくれるのです。カウンセラーは，案内役・世話役・頼みの綱として頼りになります。ストレスで疲れきったケアギヴァーのアイリーンが直面した以下の問題は，最終的にカウンセリングが必要であることを示しています。

> アイリーンは，多発性脳卒中だった夫の5年に及ぶケアの後，抑うつ的になり，疲れきってしまいました。アイリーンは自分の状況を絶望的に感じ，考え込み，死ぬことばかりを考えていました。かつての最愛の関係と愛情を失い，挫折していたのです。
> 　アイリーンはだんだんと孤独になっていきましたが，遠い都市に住む娘のフェイからときおり電話がかかってきていました。あるとき，電話での会話からフェイは母の精神状態がよくないことを心配し，母をカウンセリングに行かせるべきだと考えました。フェイは地元の精神保健センターに連絡し，老人のカウンセラーの予約をとりました。アイリーンは気が進まず，特に自分の人生が暴かれることを怖れました。フェイの説得と，料金はフェイが負担すると申し出たことで，アイリーンはカウンセリングを受けました。フェイはアイリーンの病弱な夫のために，一時療養施設も手配しました。カウンセリングはその後2〜3週の間，非常にうまく行なわれました。アイリーンは自分の失ったもの，乾ききった感情を知って悲嘆し，自分が精神的な病気ではないことを確認できました。彼女は積極的に運動を始め，自身の人生に対するより楽観的な見方を見つけ，夫の身体障害をより客観的にみられるようになりました。

カウンセリングの種類

　個々の問題に合わせたさまざまなカウンセリングの種類があり，その選択はむずかしいものです。もしあなたがカウンセリングを受けようと決めたなら，最近，カウンセリングを受けたことのある友人に推薦してもらうことが最もよい方法でしょう。専門のコンサルタントやケアマネージャー，あるいは地域の専門機関に相談する方法もあります。紹介してもらって試してみて，自分にとって合わないカウンセラーや合わないやり方だったら，ほかを試してください。個人的な相性は，信頼関係を築くのに重要です。また，この場合も費用が問題となります。個人で開業しているところでの料金は，たとえ管理医療プログラムであっても，時間あたり60ドルから90ドル以上です。多くのカウンセラーは料金スライド式を取っており，公共の精神保健クリニックは個人で開業しているところよりも低料金でサービスを提供しています。

カウンセラーの資格

　どのようなカウンセラーを選ぶか，というのもむずかしい判断です。修士号をもった，有資格のプロの精神保健カウンセラーがいます。有資格の心理学者は哲学博士号をもっており，職業，生活様式，嗜癖，退職などを選ぶような援助と同様に，心理療法的なカウンセリングの種類を提供します。有資格の精神科医は医学博士号をもっており，望めば，医学的治療としての心理療法を提供します。臨床民生委員は，たいてい社会福祉学修士号をもっており，広範囲のケアギヴァーに対するカウンセリングを提供します。彼らは地域資源をよく知っていますが，それは彼らの卒業教育の一部だからです。牧師のカウンセラーの多くもまた，かなりの心理学の鍛錬を積んでおり，カウンセリングサービスを提供します。

　これはあくまでカウンセリング背景のおおざっぱな状況にすぎませんので，カウンセリングの選択をするときがきたら，あなたにとって最善のカウンセラーの種類を見つけられるようにより広く調べてみてください。また，カウンセリングは長期間を要するものではないことを心にとめておいてください。当面の問題に取り組むための，ほんの2～3週間といった短期間で行なうことが可能なのです。短期間のカウンセリングは，だいたい1～10回の面接です。このようにして十分な安定性を獲得すると，自信をもって満足にケアを続けられるでしょう。

第9節　終わりに

　この外部ケアギヴァー資源のリストは利用できる多くのサービスの一例です。

　この研究の目的は，生きる情報を得るためにサービスを利用し，あなたの負担を軽くすることです。

　あなたの地方のサービス機関の最新の情報を，いつももっていてください。

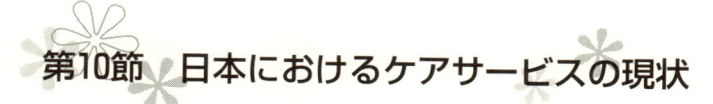

第9章　あなたのまわりにある助け

第10節　日本におけるケアサービスの現状

＊この節は，訳者が日本語版に向け，特別に付け加えたものです。

ケアマネージャー

　ケアマネージャーは，2000年4月から施行された「介護保険法」に定められた公的な資格です。正式名称は「介護支援専門員」です。

　要介護者等からの相談やその心身の状況に応じ，適切な居宅サービスまたは施設サービスを利用できるよう，市町村，居宅サービス事業を行なう者，介護保険施設等との連絡調整を行なう者であって，要介護者等が自立した日常生活を営むのに必要な援助に関する専門的知識及び技術を有する者とされています（介護保険法第79条第2項第2号）。

　つまり，ケアマネージャーは介護に関する調整役です。ケアマネージャーは，それぞれ居宅介護支援事業所というところに所属して業務を行ないます。

　おもな業務について述べます。

○要介護認定に関する業務
・申請の代行
・認定調査のために被保険者を訪問調査（訪問して，対象となる方の基本的な疾患，心身の状況，家族状況，住環境，介護のうえで困っていることについてお話を聞きながら調査します）

○介護支援サービスに関する業務
・アセスメント（解決すべき課題の分析をします）
・ケアプランの作成（目標を設定し，介護内容，サービス種別，頻度などの介護サービス計画の作成をします）
・サービスの仲介や実施管理（必要なサービスを提供してくれそうなところに連絡をとり，本人の心身状況を話しながら提供の可能性を打診します。プランがほぼ確定の段階になったら，依頼者の承諾の下，個人名も含めて必要な情報をサービス事業者に伝えて提供の承諾を得ます。サービスの開始後はサービス事業者と連絡をとりスムーズにスタートできたかなどの情報収集・情

報交換を行ないます）
・サービス提供状況の継続的な把握および評価（依頼者，サービス事業者に連絡をとり，状況を把握し，サービスが依頼者にとって適切かどうかを評価します。利用者にもしも大きな状態の変化が起こったら，再び訪問してアセスメントをやり直し，ケアプランの立て直しをし，新たなサービス調整をします）
○給付管理に関する業務
・支給限度額の確認と利用者負担額の計算
・サービス利用票，サービス提供票の作成
・給付管理票の作成と提出

OWL

日本では，国際女性の地位協会があります。

国際女性の地位協会は，女性差別撤廃条約の研究・普及を通じて，女性の地位向上をめざすNGO（http://www.jaiwr.org/index.html）です。

そのほかにも
・国連女性差別撤廃委員会（CEDAW）
  http://www.un.org/womenwatch/daw/cedaw/
・国際女性の権利監視協会（IWRAW）
  http://iwraw.igc.org/
・国際女性の権利監視協会アジア太平洋（IWRAW-AP）
  http://iwraw-ap.org/
・内閣府　男女共同参画局
  http://www.gender.go.jp/
・国立女性教育会館
  http://www.nwec.jp/
・東京ウィメンズプラザ
  http://www.tokyo-womens-plaza.metro.tokyo.jp/
・WIN WIN
  http://www.winwinjp.org/
・女性と仕事の未来館

第9章　あなたのまわりにある助け

http://www.miraikan.go.jp/
というような女性のための活動をしている団体があります。

クローン（Crone）

日本ではケアギヴァーを支援するサービスとして，市が要介護・要支援者などを抱えている家族を支援するための事業を行なっているものもあります。

以下に，その例をあげましょう。たとえば，家族介護用品支給事業，家族介護者ヘルパー受講支援事業，俳諧高齢者家族支援事業，家族介護者交流（元気回復）事業，家族介護慰労金支給事業，介護手当て支給事業などです。

エイズ（AIDS）支援グループ

日本には民間のボランティア団体などがあります。

活動としては，日常生活のケア，通院や入院中の付き添い，栄養面での支援，手続き代行，映画や芝居やコンサートなどにいっしょに行くサービス，医療機関・福祉制度などについての相談，カウンセリング，電話相談，医療機関の紹介，啓発活動，ニュースレターの発行，行政などへの要請などがあります。

障害者のためのサービス

日本では，居住地の福祉事務所や町村障害福祉担当課などが提供する身体障害者および知的障害者へのサービスや，民間のサービスがあります。

ホームヘルパーの派遣【支援費制度】，ガイドヘルパーの派遣【支援費制度】，短期入所事業（ショートステイ）【支援費制度】，デイサービス事業【支援費制度】，児童デイサービス事業【支援費制度】，重症心身障害児（者）通園事業，障害者地域生活援助事業（身体障害者グループホーム），手話通訳者の派遣，要約筆記者の派遣，盲ろう者通訳・介助者派遣事業，知的障害者生活支援事業，ホームヘルパーの派遣，短期入所事業（ショートステイ）などが行なわれています。

病気と死に対するサービス

これについては特に日本では，というのは省きます。

165

追悼協会

日本でも同様のサービスを行なうものがあります。

死の権利

日本ではまだ尊厳死は認められてはいません。しかし，尊厳死については2004年6月，日本尊厳死協会の呼びかけで超党派の議連が発足，立法化を求める請願書の提出を予定しています。与党懇話会は同議連と連携をとりながら，野党議員への賛同を呼びかけています。

厚労省の検討会が2004年6月に作成した報告書によると，延命治療の実施や中止の明確な判断基準がなく，終末期医療に悩みや疑問を感じる医師は86％，看護師は91％に上っています。

同省では，これを受けて，具体的な延命治療の手続きや終末期医療のあり方に関するガイドライン作りにとりかかっています。

2005年1月，自民，公明両党は，末期ガンなどで治る見込みのない病気の患者が，自らの意思で過剰な延命治療を中止する「尊厳死」を認める法案を次期通常国会に議員立法で提出する方針を固め，「尊厳死とホスピスを推進する与党議員懇話会」で法案化作業を進めることになりました。医療技術の高度化や高齢化社会の到来で，延命治療のあり方が問われるようになっている中，国として一定の判断基準をつくろうとする動きがみられます。

ヘムロック協会

日本では安楽死が認められていません。したがって，このような団体はありません。

ホスピス

日本でも患者の延命だけに専念しがちな病院で，寂しく人生の終末を迎えるよりも，尊厳なる死を迎えたい。あるいは自宅で死を迎えたいと望む人たちが増えてきたため，厚生省では1987年9月より，国立療養所松戸病院に，国立医療機関として初の「ホスピス病棟」を開設しました。

2005年4月1日現在，日本ホスピス緩和ケア協会によると，その会員の緩

第9章 あなたのまわりにある助け

和ケア病棟承認・届出受理施設は143施設あり，開設準備中の施設は69施設あります。

この協会に参加していない施設や在宅ホスピスなどもあります。

訪問看護サービス

日本にも同様のものがあります。

家事代行サービスと一時療養

日本でも同様のサービスを行なうものがあります。

高齢者介護検索

日本でも同様のものが多数あります。

全米退職者協会

日本にも高齢者団体や退職者協会などがあり，さまざまな活動を行なっています。

コンピュータインターネット

日本においても，ケアについてのインターネットでの検索は便利です。公的機関のサイト，民間企業のサイト，個人のサイトなどさまざまなものがあります。

引用文献

1. Robert Daniel, *Aging Well: The Older Adults' Resource Directory* (Seattle: Watermark, 1997).
2. Jean Quam, *Social Services for Older Gay Men and Lesbians* (Binghamton, NY: Haworth, 1996).
3. Opinion Research Corporation (for AARP). *A National Survey of Caregivers* (Washington, DC: American Association of Retired Persons, 1988).
4. Rhonda Montgomery, *Family Support Project* (final report)(Washington, DC: Administration on Aging, U.S. Department of Health and Human Services, 1985).
5. Family Survival Project, *Update* 10, No. 4 (Winter, 1992): 1.
6. Helen Susik, *Hiring Home Caregivers* (San Luis Obispo, CA: Impact, 1995).
7. Older Women's League. *Women and Pensions* (Washington, DC: Older Women's League, 1996).
8. Northwest AIDS Foundation, *Services for People with AIDS and HIV* (Seattle: Northwest AIDS Foundation, 1996).
9. ARC. *The ARC* (Seattle, WA: ARC, 1996).

10. People's Memorial Association, *Planning for Simpler Funerals* (Seattle, WA: People's Memorial Association, 1995); Van Tuyl (ed.), What You Should Know about Death Services (Seattle, WA: People's Memorial Association, 1991).
11. U.S. Department of Health and Human Services, Administration on Aging "Elder Care Locator: A Way to Find Community Assistance for Seniors," 1-800-677-1116, Mon.-Fri., 9:00 A.M. to 11:00 P.M. EST.
12. American Association of Retired Persons, Publication D 15267, Caregivers Resource Kit (a collection of useful pamphlets on caregiving resources) (Washington, DC: AARP, 1994).
13. Wayne Miller, *Legacy of the Heart* (New York: Bantam, 1995).
14. Jack Nottingham, "Care Net Study," reported in *Caregivers and Caregiving in West Central Georgia* (Americus, GA: Rosalynn Carter Institute, 1993).
15. *Mature Outlook Newsletter*, Fall 1996, p. 6.
16. Eugene Liwak, Helping the Elderly: *The Complementary Roles of Informal and Formal Systems* (New York: Guilford, 1990).

第5部

ウェルネスと再生への計画

第10章　健康状態を維持する

> 今日を築く，強く確実な堅固で，十分な基礎をもった；
> 　上昇的で安全な明日をその場所で見つけるだろう
> 　　　　　　　　　　ヘンリー・ロングフェロー，"ザ・ビルダー"

　すべての人はすばらしい人生を過ごすための基礎として，健康な自分自身でありたいと思います。セルフケアは，健康であるための必要な要素──幸福への深い意識，目的への精力的活動，そして新しいライフスタイル──を自分に与えるということです。人生の再生はセルフケアの中心要素ですから，ケアギヴァーが自分自身で人生を生まれ変わることができる方法に焦点を合わせていくことになります。

　健康を維持する計画のもう1つの原動力は，骨の折れる困難なケアという仕事に対し，楽天的な状態でいることです。あなたはたぶん最高の健康状態を維持するためのルールを知っているでしょう。しかし，もしあなたが元気を回復させることが必要なら，ウェルネス・メイド・プログラム[★1]を調べてください。

第1節　ケアギヴァーのためのウェルネス

　ウェルネスとは，良好な心身の状態を超え，幸福な状態のことです。
　ウェルネスの意味は，以下のとおりです。

・あなたの人生の価値に満足する。
・健康維持のルールに従い，日々の生活の中から不健全な状態を防ぐ。
・柔軟性と楽天的姿勢を保つ。

- 自分の幸福に気づき，満足をもって日々暮らす。
- 慢性的な苦しみがまったくない人生として，あなたの人生をみる。
- ウェルネスの推進力（時にはウェルネスへの意志，同様に生への意志ともいう——長く健康に生きたいという強い要求のこと——）を保有する。

調査と専門家の意見から，ケアギヴァーのウェルネスを保つさまざまな特性を探求していきましょう。上記の多くは，『健康な人々2002（*Healthy People, 2002*）』[2]と，米国の健康促進と病気予防における外科医の年間報告[3]から翻案したものです。

あなたのライフスタイルとウェルネス

あなたはあなた自身のライフスタイルにおいて，ウェルネスを促進していますか？　下記の健康的なライフスタイルに反映される積極的活動のリストは，前章までをまとめたものです。

- 健康的な食事習慣を知り，それに従う。これには栄養補助剤を含み，免疫力を強める。
- 満足するウェルネスの基準にあった運動計画をもつ。
- 注意深く計画された休息と気晴らしを日々もつ。
- 人生における変化と失望にゆっくりと順応する。
- 喜びと幸福の定期的な発散をする。
- たくさんの積極的予想と，人生の出来事を積極的にみる。
- 日常のストレスを挑戦として考え，その体験に満足する。
- 支援組織に参加する。
- 気楽に感情を確認し，伝える。
- 感謝と寛大さを表現する機会を探す。
- ユーモアのセンスをもつ。
- 満足のいく精神的人生観をもつ。
- 不快な気持ちは抑える（たとえば，あなたが誰かに通行を邪魔されたときの気持ちを思い出してみる）。

- 家にある安全を脅かすもの（事故，火災，災害対策，放射，発癌性の化学製品）をチェックする。
- 環境破壊から視覚と聴力を守る。
- 控えめにお酒を飲む，そしてもし薬を服用するなら処方箋を注意深く使用する。
- 定期的に健康診断を受け，免疫力をつける。
- 活動的で社会と接点のある人生を通し，精神的な健康を維持する。
- 他の人をケアに参加させ，ケアの恩恵が自分自身を高めていることに気づく。
- 喫煙は避ける。
- 体重管理をする。

　これは初歩的なリストです。あなたはウェルネスへの考えを示す，あなた自身の多くの項目を付け加えることができます。あなたの注意がウェルネスへと向いているときに，あなたが納得のいく前述のリストの項目にチェックをしてみましょう。そしてこの章のあとで書かれている活動的なライフスタイル計画のために，実施したい項目にはアンダーラインを引きましょう。

　あなたのケアを受けている人もまた，あなたが幸福になっていくことによって恩恵を受けることができます。彼または彼女の幸福が増せば，あなたのケアという重荷も減っていくでしょう。ベティー・アールダーソンの幸福についての姿勢の調査[4]では，悪いことが起きたときや，あるいは高齢者が彼らの問題[5]に対し何も対処することができないときに幸福を得るためには，特にユーモアのセンスが有効だと明らかにされています。

幸福：ウェルネスの一部

　古代ギリシャの時代から現代まで，幸福は有徳な状態，人生の目的として考えられていました。独立宣言には人権として"幸福の追求"という文言が含まれています。しかし，日々の生活においては幸福でないのではないかと思われるようなことがたくさんあります。つまり，一生の間幸福という感覚を経験することがなく，人生のほとんどに楽しみや喜びをもたない人がいるという意味

です。ケアギヴァーとして，重病人のケアはあまり幸福なことではないことはおわかりでしょう。経験する悲しみやさまざまな苦痛が，しばしば奉仕する満足を台無しにしてしまいます。そのような奉仕の目標は，社会的意義のある何かを行なう過程から，あるいは必要とされる個人的な奉仕を成し遂げることから，幸福と満足をもっと多く感じることです。ここで重要となることは，行動するということです。自分自身をよい感情にさせる行動をすれば，あなたは幸福になれるでしょう。

> ジャスリンは言いました。「母が亡くなったあと，私が彼女にしてあげたすべてのことは贈り物として私に返されていたのだということに気づくことができました。今私は，あの苦しい期間に彼女をよく知ることができたので，穏やかで平和で幸せな気持ちです」。

ジャスリンの反応は，人生の満足と幸福は出来事の存在だけを見るのではなく，その出来事により何を気づかされるかという積極的な方法の結果であることを十分に示しています。たとえば，安全，家族，地位，健康，才能，そして成果とすべてをもっているように見える人が，ひどく不幸せであるような場合が，たぶんあなたのまわりにもあるのではないでしょうか。おそらく幸福は人の心の状態であり，外界の出来事，財産，生活状態によるものではないことに気づかされるでしょう。

幸福についてのよい説と悪い説

人が人生でよい体験をするほど人は幸せになる，という一般的な信念は真実ではあります。地位，収入，道楽，健康，意味，教養，成功，自由，活動的なライフスタイル，そして楽しみのようなものは幸福に導く条件でないとはいえません。しかし，悪い説は，それらのよいことは世間では公平に分配されないということです。幸福神話は腐食し，もつ者ともたざる者がいます。幸福についてのあなたの信念はどのようなものですか？

よい説は，人生のよいことの喪失を乗り越え，立ち上がる人々にはある個人的な特徴があるということです。大事な姿勢としては，あなたを幸福にさせるものを持っているということではなく，あなた独自に当てはめた人生観をもっているということです。

ミッシェル・フォーダイス（Michael Fordyce）が幸福な人々について，彼自身と他の人の研究から見つけた幸福な人々のいくつかの特色を以下にあげます。あなたがもし幸せになりたいなら，これらの必要条件をチェックしてみてください。

- 活動的で，多忙でいる。
- 社交的に活動する時間を予定している。
- 意義のある生産的仕事をしている。
- 十分に準備し計画している。
- 心配しない。
- あまり多くを期待しない。
- 積極的な考え，楽天的な思考をする。
- 現在に適応した生活を送る。
- 健康であることに努めている。
- 社交的性格を啓発している。
- あなた自身でいる。
- 消極的な感情を取り除いている。
- 身近な関係を維持している。
- 自分がもっと幸せになるために何ができるかを考えている★6。

適用活動
① 今のあなたを評価して，前述のリストにおける幸福な人々の特色をチェックしてください。
② 今後，あなたの再生計画に用いたいと思う特色の前にXをつけてください。

あなたの幸福への意識を増すための1つの自助提案は，実際の記憶を用いることです。この行動は，ささいな楽しみもない長い無味乾燥な時期のあとには特に有効でしょう。これは，あなたの幼少期の楽しい出来事を思い起こす簡単な努力です。次の手順に従って行なってみましょう。

① 心地よい椅子にかけてください。目を閉じて，あなたのお気に入りのリラックス法を使って，筋肉をほぐしていきましょう。
② 2分間リラックスしたあと，何年か前に戻ります。数年間をすばやく思い起こし，3つか4つの幸福な出来事に焦点を合わせます。楽しい活動，あなたにとって意味深い人々，あなたが感じた，楽しみ，満足の感情がありありと浮かび上がるでしょう。また，あなたが自分のまわりで特によい感情をもったときかもしれません。いくつか手始めに例をあげると，音楽や絵，あるいは詩をつくったとき，スポーツ大会に参加したとき，お祖母さんがあなたに本を読んでくれているとき，家族でピクニックを楽しんでいるとき，休日を謳歌しているときなどです。あなたを悲しく，不適当な，不快な，失望させる楽しくない出来事には，焦点を当てないように注意してください。
③ 楽しい出来事の1つか2つを取り上げ，数分間暖め，それらの記憶のよい感情を楽しみ，現在に再現します。
④ 目を開け，あなたの現在の境遇に戻るのに集中し，十分に目覚めます。伸びをして，たった今意識の中にしっかりと再現したよい感情を保ちましょう。
⑤ あなたは今幸せになることができる，そしてまた，あなたは自分自身の幸せをつくることができると自分に言えるでしょう。

家族環境と幸福

　幸福は，周囲の危険の存在を察し，危害を避けるための情報を使える能力によります。たとえば，あなたはあなたのケア環境を積極的にみているとしましょう。あなたには優しく助けになる家族がいて，同様にケアを受ける人とも気

が合っていると認めています。また，自分自身をケアの場の指揮をとるに適した人間であると思っています。

　ここにあげた積極的な状態を保つことで，おそらくあなたは幸福と健康の感覚を経験するでしょう。逆に，あなたが好ましい性格特性をすべてもっていたとしても，あなたの家族環境に敵意を示し，ケアを受けている人を非協力的であると評価することで確実に負担になります。そんなときあなたは欲求不満と品位を落とす感じがするかもしれません。しかし，セルフケア技能，あなた個人の強さ，そしてケア場面において積極的にさまざまなことに気づくことによって十分に立ち直れるのです。

　しかし，もしあなたのケア環境が不快で我慢できないものならば，あなたの幸福感は疑いなく目減りします。その場合，少なくともあなたの選択肢ははっきりしています。すなわち，あなたは家族の態度を変えることに一生懸命になるでしょう。あなたはケアを受ける人の消極的な反応に対し距離を置くことができます。あるいは，あなたの自信という特性，個人の力，そしてストレス耐性は，あなたが幸福の感覚を十分経験するための支えとなるでしょう。

第2節　受けやすい痛み

　おそらく，苦痛の種はケアギヴァーとしてのあなたのとって身近なものでしょう。多くのケアギヴァーは中年から老年のため，若い人よりも持病からの痛みを最も受けやすい状態にあります。もしかしたらあなたは，加齢に伴う典型的な痛みや苦痛のすべてをもっているかもしれません。それゆえ，ケアギヴァー自身のケア計画には，典型的な，肉体的，心理的，精神的苦痛の管理を含みます。

　しかし，過酷な慢性的苦痛は幸福の敵であり，医師の検査を受けるべきです。肉体的苦痛が8週間以上続くなら，それは慢性病と考えられます★7。たとえば骨折や手術の経験がある人なら，6週間までは関連した痛みが続くことが予期できるでしょう。

第10章　健康状態を維持する

計画を管理する

　筋力の問題は，慢性的痛みの一般的な原因です[8]。あなたの痛みの管理計画を考えるなら，次の方策の1つ以上を用いることを考慮してください。

- 感情的ストレスは，しだいにひどい痛みの原因となる筋肉の緊張を導くので，病気よりも緊張の判断基準として筋肉痛をみます。この痛みの種類は身体のほかの部分にも広がるかもしれません。前にお話しした自助リラックス計画は，このタイプの痛みを扱う対処法の1つです。また，マッサージ治療も筋肉の緊張を癒す大きな助けとなります。
- もしあなたが，関節痛で悩んでいるなら，あなたのウェルネス計画に，関節痛の痛みを管理するための，リューマチの専門家による治療計画を取り入れましょう。硬直した筋肉と使い過ぎに関係する痛い関節，あるいは退化的な状態は，年長者には鋭い慢性痛の原因の鍵となります。リューマチのような関節痛や骨粗鬆症のような慢性の症状は，特にひどく我慢の限界を超えるでしょう。活動的な生活をあなたから奪い，短い歩行もむずかしくなってしまいます。
- 痙攣あるいはこむらがえりはきわめて苦痛なもので，筋肉の使い方の誤りや酷使と関係してます。もしそれらがあるようなら，運動医学の専門家に検査してもらいましょう
- 筋力の低下，体のゆがみ，遺伝的な虚弱による姿勢の問題は，慢性病の原因であるので，それらの問題を和らげるため，整体師による治療を受けてください。
- 内科に慢性的な痛みがあるなら，深刻な病気を早期に発見するために，内科医による慎重な検査をしてください。
- あなたの身体が痛みによって，あなたに何を訴えているかに注意してください。痛みはあなたのむずかしい人生の問題の現われであるかもしれない可能性が考えられます。たとえば，あなたはケアを重荷として背負っていますか？　もし内科的な痛みの医学的原因究明と治療に疲れてしまったら，心理学的方法を用いた慢性痛治療の専門家である心理学者に相談するのもよいでしょう。

- 痛んでいる間は，できるだけほかのことに集中しましょう。もしあなたが痛みを心配し，そのことにとりつかれているなら，痛みはますます悪くなってしまいます。
- 毎日の日課を行ないましょう。たとえそれが不快であったとしても，です。
- 適度な運動を始めましょう。しかしあまり激しい運動は痛みを悪化させることを心にとめておきましょう。散歩，スキーマシーン，固定した自転車，そして水泳は最小限の危険で痛みをおして行なうよい運動です。最初の抵抗とやる気が弱くなることに打ち勝ち，がんばって続けられるように，私はできる，というメッセージを自分自身に与えましょう。
- 慢性の背中の痛みは，特に注意を払ってください。ケアギヴァーはケアされる人を持ち上げたりといった仕事を果たすことで傷つきやすい状態にあります。問題は姿勢的な欠点や，体重超過，長時間立っていたり座っていたり，寝ている状態で痙攣を起こす，過度あるいは不適当な持ち上げ，かかとの高い靴，弱い腹筋，そしてよく知られていないいくつかの原因などから生じます。また心理的なストレスは背中の問題を複雑にします。痛みのある背中は，ケアギヴァーの間では一般的な問題ですが，真実を誤解しないようにしてください。そして軽い徴候と解釈しないでください。痛みの最初の兆候は，整形外科の専門家に詳しく調べてもらうくらい慎重でいるのと同時に，自助にとっての多くの可能性を集めるためにも，前述の原因のチェックリストを読み返してください。

心理的，精神的原因の苦痛

　肉体的痛みは，心理的痛みと精神的苦痛の対のものです。ケアギヴァーはときおり名前のない痛みに悩みます。深い痛みは絶え間ない救済への熱望となります。この苦痛は激しい痛みと深いうつでつくられています。時々それは，苦悶の絶望，強い孤独感，他者と幸福な時へのあこがれというかたちをとって経験されます。また時には自己非難，あるいは自己憐憫を衰弱させるかたちで明らかにもなります。

　そして不面目な失敗を思い出すことは，ケアギヴァーを落胆や空虚感へ追いやります。さらに，もっと多くの私たちを悩ます名もない苦痛があります。例

としては，心臓の痛み，腹部の圧迫感，腸捻転，息切れ，食欲不振，心配からくる手の握りというかたちで身体に表われます。

精神の痛みに対処する

重要な質問として「この種の悩みをもっているケアギヴァーは，それに対し何ができるのか？」ということがあります。対処と内的資質の利用という提案に加え，以下のようにセルフケアの精神をあなた自身問いかけることができるでしょう。

- 「この苦悩の意味は何か？」
- 「この経験から私は何を学ぶことができるのか？」
- 「この苦悩のどのくらいを私は生活に与えられたものとして受け入れられるのか？」
- 「現在の苦痛のどのくらいがケアの役割と関連しているのか？」
- 「長年の個人的問題はどのくらい個人の特色に帰するのか？」
- 「この苦痛な体験と私の家族はどのような関係で，彼らはそれをどう受け取るのか？」
- 「どこで心地よさと安心を見つけることができるのか？」
- 「勇気と強さを見つけ，そして献身をやり直すために，自分自身何ができるのか？」

私たちとしては，前述の質問の熟考とこの本の要旨の適合が，ある洞察力，慰め，そして続ける勇気を提供することにつながってほしいと思っています。しかし，ひどく長い痛みに対しては，あなたが信頼できる精神的カウンセラー，民間の精神療法者，本来のケアギヴァーに助けを求めたほうがよいでしょう。

第3節 ライフスタイル再生

再生とは，"再び新しくする"という意味です。再生は重要なセルフケアの

目標です。特にあなたが，"簡単な仕事の罠にかかった"と感じているケアギヴァーの１人であるなら，たぶん"刑務所"と"衰えていくこと"が，あなたが考えるケアを説明する最も適切な比喩でしょう。あなたの今のケア状況に反応して，心に浮かぶのはどんなイメージですか？　あなたの人生を単調で，うんざりする，味気のない人生と感じ始めたら，そのときこそ再生方策を考えるときであり，できるだけ新しいイメージを築きましょう。

　この再生の努力は危機状態，変化への陣痛状態，あるいは燃え尽き症候群の状態でないときに着手されるべきです。それらの極端な状況では，より包括的な対処法が要求されます。危機が去ったあとに，あなたは再生計画は満足と楽しい人生に達することに集中でき，職務を十分に果たすことができるようになるでしょう。

再生のための方策

　再生のための方策は，自己改善のための新しい目標を要求します。一生を通して学び続けなければならない前提が基礎となります。数年をかけて，あなた自身とあなたの人生についてたくさん学べることに驚かされるでしょう。私たちは成功から学ぶのと同様，失敗からも学びます。私たちは悩み，愛し，危険を冒して学ぶのです。人生において１つの出来事のあとに，「この経験は私に何を教えようとしているのか？」と自問するようにしましょう。そうすることによって，新しい目的と計画が動き出すのです。

　また，どんなに気に入られようと必死になっても，みんながあなたを愛するわけではないことも学べるでしょう。献身が親族関係に重要であるということも学べます。そして，自分自身がどのような歩調で歩くか，どう気力を維持するかといったことについてや，自分が積極的にも消極的にも他者に影響を与えているということも学べます。自己憐憫，罪，恨み，皮肉が有害であるということや，奉仕の報酬についても学べるでしょう。最も重要な学習は，人生は終わりのない自己発見の過程であるということです。再生は，自己発見の学習を増進し永続させる計画です。

第10章　健康状態を維持する

再生計画の目標

　簡単な再生計画は，あなたの人生を豊かにし，介護技術向上の明確な目標設定を含みます。たとえば，あなたがピアノの演奏技能を変え向上したいならば，気に入った音楽を聞くのにもっと時間を使うでしょう。過去数か月間，ケアはあなたのすべての時間を消費し，あなたは単調さと無関心を感じ始めていたとします。そんなときに，またピアノを弾くこと，そして音楽を聴く時間をもつことは，精神的再生であり，あえて休息時間をとることなしに家でもできます。

　他の例としては，あるケアギヴァーはまったく新しい創造的活動である水彩画を始めたいと思いました。地元のコミュニティカレッジで水彩画の授業をとりたいと思っています。

　3つめの例は，共同団体奉仕計画を取り入れます。このケアギヴァーは，週6時間の彼女の休息時間に，地元の食物貯蔵所でボランティアをしたいと思いました。彼女は彼女以上に他の人々が奉仕していると感じることができ，そして彼女のケアしている人が再び彼女に気力を与えることになるでしょう。

　最後の2つの例は，週にほんの数時間の休息時間をもつことができるケアギヴァーの，質素で現実的な目標です。目標を豊かにする可能性には終わりがありません。

　また，ケア技術のレベルにおいて，あなたはプロの再生努力を考慮に入れたいと思うかもしれません。目標の例としては，ケアを受ける人との会話の有効性を増やし，ストレスマネジメントスキルを改善し，そして確かな休息のときを見つけだすことなどがあるでしょう。

　また，変化をしていくという目標を果たすために，現在のライフスタイルを見直したいと考えるかもしれません。例として，もっと運動をする，低脂肪の食事をとる，もっと休息をとるなどです。次に，あなたの人生再生計画のための特別な方法を述べます。この再生過程は人生を通して行なう努力で，特に人生の急激な変化のときの方法です。

再生計画

＊自己を豊かにする　　あなたの人生を豊かにする願望，夢，向上心は何ですか？

ステップ1：あなたの願望をあげましょう。
ステップ2：あなたの願望を目標に変えましょう。
ステップ3：今，努力を始める目標を1つ選びましょう。
ステップ4：目標を達成するための計画を進めていきましょう。必要な手段を利用し，人々を引き込み，時刻表を要求しましょう。

＊技術的な再生　あなたの技術的なケアの再生計画を進めるためにも同じステップをたどります。ケアという責務の再生のための，あなたの希望，望みは何ですか？

ステップ1：あなたの改善したい技能は何かを決めましょう。
ステップ2：専門的な発展のための望みと欲求を目標に変えましょう。
ステップ3：今，どの目標が最も重要かを決めましょう。
ステップ4：専門的再生目標を実現するための計画を開始しましょう。

　例として，①自分へのケア契約を作成する（付録A）。②ケアを受ける人とのコミュニケーションを改善する。たとえば，あなたは父親の認知症（痴呆症）が悪くなっているのに気づきました。彼はもうあなたに注意を向けることはありませんが，あなたは彼ともっと有意義な議論をしたいと思います。彼があなたに何をしてほしいかの，はっきりした明細を作成し，あなたの要求に対する彼の反応に耳を傾け，あなたのメッセージは彼のはっきりした行動のサイン（うなずき，笑顔，声にだす，頭を振るなど）から理解されていると気づけるようになることを計画に取り入れます。計画には改善に注目するように，たとえば，一週間というように目標日を入れておきましょう。そうすると，あなたが彼の話，不満，要求あるいは怒号に深い注意を払ったとき，彼の関心が増していくことに気づきやすくなるでしょう。また，アルツハイマーのような特別な病人とのコミュニケーションの問題を勉強する計画を立てましょう。そして，相手に要求するときは，「今夜私は，夕食前にあなたにシャワーを浴びせたい」というように，"私"をはっきりと言うことを練習しましょう。
　こういった要求の仕方は，ポイントを主張的，積極的，直接的に言います。

これによって，あなたからの重要な個人的要求であることが，ケアを受ける人にはっきりします。

とにかく，あきらめないでください。1つのコミュニケーションの方法がうまくいかなかったとしても，そのときは他の方法を試しましょう。あなたの気力，欲求，動機の水準が高まるため，あなたは勝者となれるとわかるはずです。試し続けることが，最終的にはコミュニケーションの増進という報酬へとつながる道となるのです。恩着せがましくならないようにして，結果的には自分自身のためになるのだということを忘れないでください。

健康増進プログラム

あなたがもっと身体的に健康になりたいと仮定しましょう。あなたの強さと持久力を増進することを目標に設定します。あなたはその恩恵について，すべて知っています。つまり行動する動機をもっているのです。そこで今，あなたには行動計画が必要です。次の質問に対する答えを書いてください。

①あなたが楽しいと思える，たとえばウォーキングとかサイクリングのような，運動は何ですか？
②それらをあなたはどこで行ないますか？
③あなたのスケジュールにそれらをいつ組み込みますか？
④毎日どのくらいの時間を使うことができますか？
⑤誰があなたを支え，勇気づけてくれますか？
⑥あなたのよい意志と努力を，妨害するであろうと予測できる障害物は何ですか？

再生という目標の追加手段

あなたは前章までを読んで，身につけたいと思う技能と姿勢にたぶん注目したことでしょう。序文にあげたケアギヴァー生存のための必須な行動をすでに始めているかもしれません。次の文章を完成してみましょう。

①燃え尽き症候群予防と対応目標，そしてその計画は_____です。

②私が獲得したいと思い，計画しているサヴァイヴァーとしての特色は_____です。
③私が獲得する必要があり，計画しているストレスマネジメントスキルは_____です。
④自滅的な考えを変えるための技能と，計画は_____を取り入れます。
⑤私の目標とサポートネットワークを改善する計画は_____です。
⑥親交に対する私の必要を満たしたいと思い，それを実行する計画は_____によります。
⑦_____により私の精神的生活を強くしたいと思います。
⑧_____によりユーモアの鋭いセンスを磨きたいと思います。
⑨_____をすることで教養的な気づきを広げたいと思います。
⑩ケアギヴァーとしての私の人生プランは_____です。
⑪_____によりうつ病と絶望の感覚に対して，よりよい対応をしたいと思います。
⑫私の怒りと罪の意識のコントロールプランは_____です。
⑬私の心配と痛みのコントロールプランは_____です。
⑭_____により私のコミュニケーションと援助技能を改善したいと思います。
⑮健康とウェルネスと幸福への私の計画は_____を取り入れます。
⑯私のライフストーリーを書きたいと思い，それを実行する計画は_____です。

ケア後の人生

　平均的なケア期間は5年です[9]。この時間と気力の徹底的な投資のあと，あなたの人生はどのようになっていくのでしょう。あなたが身体，精神，そして気力の損傷なしにケアの時期を乗り越えたと仮定すると，その後あなたはよりよい人生を得ることができます。

　将来，ケア生活を振り返ることで，あなたが得た力，学んだ技能，そして成長した自分自身と自分以外の力——神，家族，友人，協会，ヘルスワーカー，あるいはサポートグループ——への信頼を，ケア体験から引き出すことができるでしょう。

　あなたがケアしていた人の死を迎えたときに，嘆き悲しむのは自然なことで

す。あなたはケアの仕事が終わり，将来が開ける鮮明な体験をするでしょう。あなたがケアした人の死は，あなたが絶望と自己憐憫を選ばなければ，人生の意義や希望の終わりではないのです。

　あなたが進みたいと望む成長と楽しみの将来の手段は，次のうちのどれでしょう？

- 旅行（日帰り旅行，あるいはクルージング，遠出まで範囲を広げて）
- ボランティア
- 興味のあるグループに参加する。
- あなたの才能を人と分け合う（裁縫，音楽，引きこもりの人への訪問）。
- あなたのライフストーリーを書く。
- あなたのグループの親切を楽しみ，実行する。
- コンピュータを学び，ネットサーフィンをする。
- 友人を訪問し，古い知人との関係を復活する。
- あなたの興味をそそるパートタイムの仕事をみつける。

　もしフルタイムの仕事や新しい仕事を考えているなら，ケア経験は仕事としての可能性をもっています。あなたのケアは得るものが多かったものであり，今収入が必要だと思ったなら，生活援助という成長分野において，魅力的な仕事を見つけることができるでしょう。自宅あるいはグループホームを設定して，本来のケアギヴァーである生活援助を専門にする公共団体は，あなたのような経験者を探しているのです。

　これに反し，あなたは建設的に何かを行なうことのプレッシャーを感じることなしに，しばらくの間，新しい自由にとどまり楽しみたいと思っているかもしれません。あなたにはたくさんの選択肢があるでしょう。

第4節　人生回顧

　あるケアギヴァーはケア環境から，踏み車を踏んでいる，あるいはメリーゴ

ーランドに乗っているイメージを浮かべます。彼らは生活が毎日毎日単調に過ぎていく気がします。彼らの人生はどこへも向かうことはありません。あなたはケア生活をこのように感じたことはありませんか？　このイメージがあるなしに関係なく，このイメージはあなたにとっての問題であり，あなたのライフストーリーを書くことで長期間の目標を設定することができます。

ライフストーリーを書くよい点

　この活動の有用性は，あなたの人生を有効なものにすることです。あなたの人生は意味をもっており，そしてあなたは今，現在のケアという役目を含んだ問題と出来事を正しく見ていると気づくことができます。もし，あなたが進化しているあなたの強さと才能（誰もが何かしらもっている）に注意を向ければ，おそらく自己満足の高まりと達成感を体験できるでしょう。そして，失敗，限界，そして屈辱を最小限にするために上手に行動するでしょう。あなたはあなたの限界や失敗によって，自分の強さ，達成について書くことがむずかしいと思うかもしれません。なぜなら幼少期の教養的な条件が，自己主張より控えめな態度を強調しているからです。しかしここでは，あなたがもっと価値ある体験とあなたの強さの認知を記述することを提案したいと思います。

ライフストーリーの書き方

　自分自身のスタイルで書きましょう。手始めにあなたの人生を表わすために，本の１つの章，人生の旅，あるいは季節のようなイメージを使うことができます。あなたは現在や過去に戻って書き始めたり，あるいは子ども時代を発達の段階にそって進めていくように書き始めたりできます。そして現在の感情とケア体験の日記を兼ねた，現在の物語を書きます。

　一見，このような計画は気力をくじくように思えるかもしれません。しかし，ライフストーリーを書くことは，一生を通しての計画で今からでも始められるものであり，結果的にはあなたを癒し，あなたの家族はあなたの物語に感謝することになるでしょう。そのうちに，不意に現われる洞察力と知識に気づくでしょう。あとで熟考するために，書くこととは別に，特別な覚え書きをつくりましょう。あなたが数年間この計画を続けるなら，それはそのまま治療法とな

ります。人生回顧を書くことは，年長者たちにとって，彼らの人生を有効にし，人生を総括する気持ちを与え，歴史的洞察力で自分の人生の出来事を見るための活動となります。

始める

　大事なことは，行動を始めることです。家族のわずかな逸話を記述しましょう。そのことにより後にあなたは，状況と変化を用意することができます。ほかの提案としては，物語を語る写真，切り抜き，好きな詩を集めることなどがあります。誰が，いつ，どこで，何についてといったいくつかの説明的な題材も付け加えられます。あなた自身の詩，手紙そして品物も付け加えましょう。

　始めるとすぐに，書くこと自体の興奮と気力が書き続けるためのやる気を支えることになります。この本の作者の1人，マリアンは彼女の夫が病気の最後の数か月の間，関心を寄せた彼の長い職業的キャリアについての綴じ込みを編集しました。写真，手紙，そして切り抜きの年代記がついていました。その本は，彼の長いキャリアの楽しい記憶を彼に取り戻させる大きな手助けになりました。そしてそれはまた，家族にとって大切な思い出として与えられました。

　あなたのケアを受けている人がもしやる気になれば，ライフストーリーを書くことが彼らを勇気づけるかもしれません。書くことに問題があるようならば，テープレコーダーに話すのもよい選択です。人生への関心の増加が，物語を話しているあなたのケアを受けている人に付属の効果として現われるでしょう。

第5部　ウェルネスと再生への計画

第5節　すべてをまとめて

　健康とウェルネスは生存に必須のものであり，有効な苦痛コントロールとなります。自己再生と自己を豊かにすることは，人生を価値あるものにする満足と幸福のさらなる感触を与えてくれます。

　再生活動は，我慢をしてケアギヴァーの負担を抱えることではなく，気力を与え，希望を染み込ませ，そしてケアという仕事への意欲を起こします。それが最終的に，義務を果たした幸せなケアギヴァー，そして満ち足りたよいケアを受けた人という結果につながるのです。

引用文献

1. *Wellness Made Easy*, University of California, Berkeley, Wellness Letter (Berkeley, CA: Berkeley Wellness Letters, 1990).
2. *Healthy People: 2000.*, Publication no. 79-5071 (Washington, DC: U.S. Department of Health, Education, and Welfare, 1979).
3. Richard Winett, "A Framework for Health Promotion and Disease Prevention Programs," *American Psychologist* 50 (May 1995): 341-50.
4. Betty Friedan, *Fountain of Age* (New York: Simon and Schuster, 1993). (She emphasizes the importance of having a positive and adventurous stance toward life.)
5. Betty Alderson, "How Men and Women Cope with the Ups and Downs of Aging," *Remedy*, January/February 1995.
6. Michael Fordyce. *The Psychology of Happiness* (Fort Myers, FL: Cypress Lake Media, 1981). (A research-based approach to happiness.)
7. Norman Marcus, M.D., "How to Win the Chronic Pain Wars," *Bottom Line*, February 15, 1981, pp. 9-10.
8. Ibid.
9. Health Advisory Services, AARP, *A National Survey of Caregivers* (Washington, DC: American Association of Retired Persons, 1988).

付　録

付　録

付録A　セルフケア契約の作成

私は約束します。

①私の肉体的要求と感情体験にもっと気づき，尊重します——体からのメッセージに耳を傾けます。
②自分自身に優しく，愛しみ，寛大であります。
③自分の強さを受け入れ，誉めたたえます。
④自分の限界を認めて生きます。
⑤手助けの申し出は受け入れます——すべてを自分だけでしようとはしません。
⑥サポートネットワークを強めます。
⑦対処技能を強めます。
⑧悲しみと喜びをもっとたびたび分け合います。
⑨定期的にケアの休息と必要な他の人の援助を求めます。
⑩この本のセルフケア，ウェルネス，再生のガイドラインに従います。
⑪至高善のための優先順を設定します。
⑫満足して人生を生きます。
⑬私にとって最高の積極的刺激をもっている境遇を確認し，その刺激を妨害し，破壊する境遇を避けます（たとえば，アルコール中毒，薬物使用，仕事中毒，自己憐憫のようなもの）。
⑭家族のメンバーが即時に直接ケアに参加し，そして公平な経済的貢献を，最も確実に行なうことを主張します。
⑮家族のメンバーの不公平な，あるいは不当な要求と期待を黙認しないことで，私の自由を守ります。
⑯責任の分担について家族に立ち向かうことに対し，自分自身によい感情をもちます。
⑰ケアの分担，決意，信頼，休息計画，そしてもし死が差し迫っているなら，葬儀の準備の問題を考えるための家族会議を促進します。
⑱私にできる最もよいケアを与えて，ケアを受けている人が気持ちよく，自分の存在価値，尊重されていると感じるようにしたいと思います。しかし，よいケア努力は依存心をつくったり，要求をもっと起こさせたり，無力感をかきたててしまう矛盾をもっています。ケアを受ける人たちに，自分自身がもっと多くのことができるように力づけます。

署名＿＿＿＿＿＿＿＿＿契約日＿＿＿＿＿＿＿＿

付録B　ケアギヴァー調査

　次にあげる概括的な質問に対する，率直で完全な回答に感謝いたします。
　回答は厳しく，確実に保存されるため，あなたの名前を明かされることはありません。情報は私たちの近刊書において，実例としての例証部で引用されます。私たちの調査対象の基本的前提は，現在ケアを行なっている，あるいはケアを自分が中心になって行なった経験をもっている方です。あまりにも立ち入りすぎたと感じたり，苦痛を感じる質問には回答しなくても結構です。ケアをする方々のための有用な指針を作成するにあたり，あなたの協力にたいへん感謝いたします。

①あなたのケアの状態を手短かに言うと，どんな状態かお話しください。
②ケアの経験で最も苦痛な状況は何ですか？
③その苦痛とはどのような体験ですか？（感情，知覚，思考）
④ケア経験から何を得ましたか？
⑤あなたの苦痛を緩和するためどんなことをしましたか？
　あなたの重荷を軽くするために引き出した心的資質は何ですか？
⑥ケアギヴァーとして，あなたの最大の強さは何だといえるでしょうか？
⑦あなたが望むいちばん重要な人格的資質は何ですか？
⑧外部の援助を探しましたか？　探したとしたらどんな援助ですか？　それはどのように役に立ち，どのように役に立たなかったり，邪魔になったりしましたか？
⑨ケア期間中，どんな組織や専門家が最も支えになりましたか？　どのような援助が，あなたに提供されましたか？
⑩友人，親戚からの援助を受けましたか？　どのような援助で，それらはどのように有効でしたか？
⑪ケアそのもののプレッシャー以外で，ケアをよりむずかしくした個人的問題（身体的な健康面を含む）は何ですか？
⑫ケアのストレスに対処するのに，最も有効な手段は何ですか？
⑬ケア経験について，ほかに加えて言いたいことはありますか？

　ご協力ありがとうございました。

編訳者あとがき

　1988年3月から2年半シアトルに住み，ワシントン州立大学大学院に学んだ折に，ローレンス・ブラマー博士に師事するという幸運に恵まれました。
　「カウンセリング心理学」をご指導いただいたのみならず，ブラマーご夫妻から学んだ「人間教育のありかた」が私を大きく成長させました。私が「教育とは愛することに始まる」という強い信念のもとに，学生を愛し，信じ，一度心が出会った学生とは生涯の友として大切に想う姿勢は，すべてブラマー先生ご夫妻がモデルなのです。
　帰国してからのほうが遥かに長い月日を経過した今でも，毎年最低1回はシアトルのブラマー邸に伺います。ワシントン湖の向こうに夕日をあびるレーニア山を望むデッキで，ワインをご馳走になる何日間かが，私に一年分の「元気」をくれます。何ものにもかえがたい，私の「セルフケア」なのです。
　ローレンス・ブラマー博士はカウンセリング心理学がご専攻です。ワシントン州立大学をリタイヤーされ，現在は名誉教授です。著書も多数ありますが，『人間援助の心理学』（サイマル出版）および『人生のターニングポイント』（ブレーン出版：楡木満生・森田明子共訳）は，日本にも紹介されています。また彼はカウンセリングの実践者としても米国で高く評価されています。アメリカ心理学会カウンセリング部門の会長も勤められました。また，アメリカ赤十字災害コースの指導者を務め，メンタルヘルスの専門家です。
　森田ゼミでは『人生のターニングポイント』を，歴代ゼミの副読書として愛読してきました。産能大学森田ゼミ生有志の発案で，2年間温めてきた企画『人生のターニングポイント』の著者ブラマー博士をシアトルに訪問，UWキャンパスでブラマー先生の講演を聴こう！」が，昨年夏ついに実現しました。私には懐かしいワシントン州立大学ミラーホールで，ローレンス・ブラマー博士の講演を聴くことができたのです。
　この折にブラマー先生の新しい著書『*CARING FOR YOURSELF WHILE CARING FOR OTHERS －A Caregiver's Survival and Renewal Guide－*』が直筆サイン入りで，参加者全員にプレゼントされました。帰国後の「写真交換・打ち上げ」の席で「この本を，私たちの力で翻訳しよう」という気運が持ち上が

り，そのための研究会「Caregiver」が結成されました。それ以降のメンバーの情熱と行動には，目を見張るものがありました。そして，北大路書房の絶大なるご好意とご協力を得て，一層確かなものになっていきました。会員それぞれの持てる力を充分に発揮し合いながら，熱心な研究会「Caregiver」が信じられないほどの頻度で，開催されました。地方から新幹線で駆けつけるメンバーには，ただただ頭が下がる思いでした。

　一方「日本語版の出版を記念して，ブラマーご夫妻を日本にお招きしよう」という案が持ち上がりました。「来日記念講演」が3回も企画され，ブラマー先生ご夫妻の快諾を得て，着々と準備が進み，ほぼ完了の状態です。声を弾ませて，来日の日を楽しみにしておられるご夫妻の様子を見るにつけ，一人ではとてもできない，私の「人生の指導教官 Dr. & Mrs. Brammer」への恩返しが，図らずも産能大生と一緒にできることに感激しています。惜しみない協力で後援してくださった，産能大学・作道恵介氏に深い感謝の意を表します。

　深い友情と愛で結ばれた「Caregiver」のメンバーが一人も欠けることなく，全員の名前で出版の日を迎えられたことを神に感謝します。絶大なるご協力とご指導を頂いた，北大路書房の中岡良和氏・薄木敏之氏に厚くお礼申し上げます。最後に私設秘書（夫，純穂）に愛を込めて感謝の意を表わします。

2005年8月吉日

森田　明子

＊訳者一覧＊

第1部
　　石丸　朋美　　　第1章
　　大石　直子　　　第2章

第2部
　　平林恵里子　　　第3章，第1節〜第3節，第5節〜第8節
　　北浦　広美　　　第3章，第4節
　　瀬賀　久子　　　第4章
　　水上　和政　　　第4章
　　木村　知洋　　　第5章

第3部
　　池田寿美子　　　第6章
　　坂本　澄男　　　第7章
　　上原喜美子　　　第8章，第1節〜第6節，第8節〜第9節
　　岡畑　修司　　　第8章，第7節

第4部
　　古澤　和美　　　第9章

第5部
　　橋本富美恵　　　第10章

＊原著者紹介＊

Lawrence M. Brammer

米国ワシントン州立大学名誉教授。カウンセリングを専攻。特に高齢者問題を専門とし，介助の役割や人生の転機にどのように対応するかにも詳しい。彼の一般書『*How To Cope With Life Transitions*（邦訳：人生のターニングポイント）』は本書と関連が深い。現在は，アメリカ赤十字で災害コースを教えており，メンタルヘルスの専門家として国内外の災害を担当している。また，地域における教会の介護計画にも奉仕している。

Marian L. Bingea

スカンディナヴィア語とその文化について博士号を取得。プロのオーガニストでもあり，定期的に演奏を行なう。5人の子どもを育てた母親であり，長らく病気の夫の介護にも携わる。また，牧師の妻として30年間にわたり，聖職者の世話をすることにも深くかかわってきた。近年は地方のホスピタルでボランティアとして働いていたが，2004年逝去。

＊編訳者紹介＊

森田　明子（もりた・あきこ）

東京生まれ。立教大学経済学部経済学科卒業。一男一女の母親。
白梅学園短期大学学生相談室カウンセラーとして11年間勤務。
その後，米国ワシントン州立大学大学院に学び，Dr. Lawrence Brammerに師事，カウンセリング心理学専攻。MRI（カルフォルニア・家族療法短期治療研究）終了。臨床心理士・上級教育カウンセラー・認定カウンセラー・産業カウンセラー資格取得。
東海大学講師を経て，現在産能大学講師。衛生学園専門学校講師・カウンセラー。文部科学省派遣スクール・カウンセラーとして都内公立中学二校に勤務。
著書に，『あなた元気？』
　　　　『アメリカ人のあたりまえ』
　　　　『女の子・心理と育て方』
　　　　『きいて，聴いて！スクール・カウンセラーの日々』
訳著に，『人生のターニングポイント』
などがある。

ケアする人だって不死身ではない
―― ケアギヴァーの負担を軽くするためのセルフケア ――

2005年8月10日　初版第1刷発行	定価はカバーに表示 してあります。
2006年5月20日　初版第2刷発行	

著　者　　L. M. ブラマー
　　　　　M. L. ビンゲイ
編 訳 者　　森 田 明 子
発 行 所　　㈱北大路書房

〒603-8303　京都市北区紫野十二坊町12-8
　　　　　電話　(075) 431-0361㈹
　　　　　ＦＡＸ　(075) 431-9393
　　　　　振替　01050-4-2083

Ⓒ2005　制作　ラインアート日向・華洲屋　印刷／製本　亜細亜印刷㈱
検印省略　落丁・乱丁本はお取り替えいたします。

ISBN4-7628-2456-9　　　Printed in Japan